ASAHI SENSHO

朝日選書 885

日本人の死生観を読む

明治武士道から「おくりびと」へ

島薗 進

朝日新聞出版

日本人の死生観を読む　明治武士道から「おくりびと」へ／目次

日本人の死生観を読む
明治武士道から「おくりびと」へ

島薗 進

プロローグ

宮沢賢治が描く死の場面

宮沢賢治（一八九六―一九三三）の「ひかりの素足」（ちくま文庫『宮沢賢治全集』〔以下「ちくま文庫全集」と略す〕5）と題された物語は現代人が自らの死生観を問い直す手がかりをいくつも提供している。方言がふんだんに盛り込まれたこの岩手の作家・詩人の作品は、東日本大震災の被災者の心を、そしてこの震災後に生きている私たちの心を支える力を恵む過去からの贈り物としても読めるかもしれない。

東北地方の山村で炭を焼いている父の下にいた兄弟が母が待つ麓の家に帰る途中、吹雪に襲われて峠で動けなくなってしまう。弟の楢夫は怖がって泣き叫ぶ。兄の一郎は「毛布をひろげてマントのまゝ楢夫を抱きしめ」る。

一郎はこのときはもうほんたうに二人とも雪と風で死んでしまふのだと考へてしまひまし

た。いろいろなことがまるでまはり燈籠《どうろう》のやうに見えて来ました。正月に二人は本家《ほんけ》に呼ばれて行ってみんながみかんをたべたとき楢夫がすばやく一つたべてしまっても一つを取ったので一郎はいけないといふやうにひどく目で叱《しか》ったのでした、そのときの楢夫の霜やけの小さな赤い手などがはっきり一郎に見えて来ました。いきが苦しくてまるでえらえらする毒をのんでゐるやうでした。一郎はいつか雪の中に座ってしまってゐました。そして一そう強く楢夫を抱きしめました。

そこから物語は夢幻の世界へと転じていく。続く場面で、一郎はひとりぼんやり暗い藪のようなところを歩いている。足ははだしで深い傷がついて血がだらだらと流れている。藪から「うすあかりの国」へと出ても、鬼にむち打たれて歩き続け、傷みに苦しみ続けなければならない世界なのだ。

向こう側の世界を垣間見る

一郎は「楢夫ぉ」と何度も叫ぶ。「向ふに一人の子供が丁度風で消えようとする蠟燭《らふそく》の火のやうに光ったり又消えたりぺかぺかしてゐる」のが見える。顔に両手をあてて泣いている楢夫にかけより、一郎は抱き上げる。楢夫は消えたりともったりしているのだから、実在感が確かではないのだが。

「楢夫、僕たちどこへ来たらうね。」一郎はまるで夢の中のやうに泣いて楢夫の頭をなでてやりながら云ひました。その声も自分が云ってゐるのか誰かの声を夢で聞いてゐるのかわからないやうでした。

「死んだんだ。」と楢夫は云ってまたはげしく泣きました。

一郎は楢夫の足を見ました。やっぱりはだしでひどく傷がついて居りました。

物語は苦悩に満ちた「うすあかりの国」から安らぎの訪れる「光の国」へと展開し、やがて一郎は峠で大人たちに助け起こされ、楢夫の死が確認されて終わる。

楢夫の「死んだんだ」という言葉は異様だ。死者が自ら語っているのだから。だが、私にとっては、またひどくリアルでもある。というのは、私は夢の中で近しい人に出会い、その人が死んでいることを確認したことがあり、強い衝撃を受けて長らく忘れられなかったことが一度ならずあったからだ。つまり、この物語は私たちが死者とともにあることの経験を如実に描き出しているのだ。

そういえば、吹雪に倒れて意識を失っていくときに一郎が経験したことも、今の私たちには身近だ。意識が薄れていく一郎に、生涯のことが「まはり燈籠」のように浮かんでくる。そして死に行く者になぜ自分は温かく接しなかったのか、悔やまれる。これは一九七〇年代以後、「臨死体験」（レイモンド・ムーディ『かいまみた死後の世界――よりすばらしい生のための福音の書』評論社、一九七七年、原著、一九七五年）として知られるようになった事柄を思い出させる。死の淵をさまよい意識を失った人の体験談によると、彼らの多くはまずからだから自らの意識（魂）が抜け出るように感じるとともに、生涯のさまざまな情景が走馬燈のように浮かんできたのを覚えているという。先にふれた「うすあかりの国」から「光の国」への移動も臨死体験と似ている。うす暗い川を渡ったり、トンネルをくぐって向こう側の光の国へ至るという体験も多くの臨死者が語るものだ。

死を告知する風の又三郎

「ひかりの素足」には死の予兆の経験も如実に語られている。一郎と楢夫が吹雪に出会ったその日の朝は、すばらしい天気だった。「何といふきれいでせう」と作家は記している。「空がまるで青びかりでツルツルしてその光はツンツンと二人の眼にしみ込みまた太陽を見ますとそれは大きな空の宝石のやうに橙《だいだい》や緑やかゞやきの粉をちらしまぶしさに眼をつむりますと今度はその蒼黒《あをぐろ》いくらやみの中に青あをと光って見えるのです（後略）」。大いなる恵みの予兆とも言える、この大自然の輝きの中に、突然死の予兆が走る。

向ふの山の雪は青ぞらにくっきりと浮きあがり見てゐますと何だかこゝろが遠くの方へ行くやうでした。

にはかにそのいたゞきにパッとけむりか霧のやうな白いぼんやりとしたものがあらはれま

した。
それからしばらくたってフィーとするどい笛のやうな声が聞えて来ました。
すると楢夫がしばらく口をゆがめて変な顔をしてゐましたがたうとうどうしたわけかしくしく泣きはじめました。一郎も変な顔をして楢夫を見ました。

楢夫は「怖《お》っかなぃ」と言う。「何ぁ怖っかなぃ」と一郎が尋ねると「風の又三郎ぁ云ったか」と言う。何と言ったのか。お父さんが「おりゃさ新らしきもの着せるって云った」ぞと。父は笑って言う。それは四月になったら新しい着物を買ってやるという意味だろう。

楢夫は他にもあると言う。「それがらお母さん、おりゃのごと湯さ入れて洗《つか》ふ」と言ったと。父はそれは嘘だ、いつも楢夫はお風呂は一人で入っている。風の又三郎は嘘つきだという。楢夫はさらに「みんなしておりゃのごと送って行ぐ」と言ったと言う。楢夫のお葬式の行列や、湯灌《ゆかん》をしたり、経帷子《きょうかたびら》を着せたりする両親の姿を風の又三郎が予見して楢夫に示唆したというのだ。父も一郎も不吉なものを感じ、楢夫を慰めかねた。にもかかわらず、安全のために帰宅を延期することはしなかった。

他界からの来訪者、風の又三郎

「風の又三郎」はもちろん、賢治のよく知られた童話「風の又三郎」（ちくま文庫全集7）の主人公の綽名《あだな》で、どうも民間伝承で語られる異界の魅惑的な存在の名でもあるらしい。台風のシーズンである九月の初め、風のように転校してきて学校の生徒仲間に旋風を起こし、風のように去っていく少年、「高田三郎」の物語だ。村の子供側では六年生の「一郎」が主人公だ。「ひかりの素足」と「風の又三郎」は、どちらも年少者を思いやるまじめな少年、一郎が主人公であり、風の又三郎が登場し、方言が多用されるという点で関係が深い作品だ。

作品「風の又三郎」では一見すると、死が露わに表現されてはいない。その名が示唆するように子供たちは又三郎を「風の神」と捉えているようだ。五年生の嘉助は「あいづやっぱり風の神だぞ。風の神の子っ子だぞ」と言っている。だが、その嘉助は又三郎と遊んで馬を追いかけているうちに死の恐怖に襲われる。「風の又三郎」の嘉助と「ひかりの素足」の楢夫の像が重なってくる。嘉助は不吉なものに脅えている。

空はたいへん暗く重くなり、まはりがぼうっと霞《かす》んで来ました。冷たい風が、草を渡りはじめ、もう雲や霧が、切れ切れになって眼の前をぐんぐん通り過ぎて行きました。
(あゝ、こいつは悪くなって来た。みんな悪いことはこれから集《たか》ってやって来るのだ。)と嘉助は思ひました。全くその通り、俄《にはか》に馬の通った痕は、草の中で無くなってしまひました。
(あゝ、悪くなった、悪くなった。)嘉助は胸をどきどきさせました。

そして死が間近に見えてきて嘉助の脅えはさらに高まるが、何とか事なきをえている。だが、嘉助が無事、正気に返り皆と再会する前に死の領域、他界の領域に近づいたことは確かなようだ。

空がくるくるくるっと白く揺らぎ、草がバラッと一度に雫《しづく》を払ひました。

(間違って原を向ふ側へ下りれば、又三郎もおれももう死ぬばかりだ)と嘉助は、半分思ふ様に半分つぶやくやうにしました。(中略)

「伊佐戸《いさど》の町の、電気工夫の童《わらす》ぁ、山男に手足ぃ縛らへてたふうだ。」といつか誰《たれ》かの話した語《ことば》が、はっきり耳に聞えて来ます。

そして、黒い路が、俄《にはか》に消えてしまひました。あたりがほんのしばらくしいんとなりました。それから非常に強い風が吹いて来ました。

空が旗のようにぱたぱた光って翻へり、火花がパチパチパチッと燃えました。嘉助はたうとう草の中に倒れてねむってしまひました。

そんなことはみんなどこかの遠いできごとのやうでした。

もう又三郎がすぐ眼の前に足を投げだしてだまって空を見あげてゐるのです。

対極的な死生観の並存

山の中で天狗のような山男が出て来てひどい目に遭う、そこに山の異種族の像とともに神や他界の存在の像を見るというのは、後に取り上げる(第4章)柳田国男や折口信夫の民俗学の大きなテーマだった。「風の又三郎」には柳田国男が「常民」とよんだ人々の死生観や他界観が取り込まれている。一八七〇年代生まれの柳田国男から九〇年代生まれの宮沢賢治へと時代は変化し、合理主義的な近代教育の影響は強まっていく。

だが、それでも人々の間に神話的民俗的な死生観や時間意識はたっぷり存続し続けている。死後世界がすぐ身近な空間にあり、死者と生者は容易に行ったり来たりし触れあうことがあると感じられている。はるかな未来や天上世界でこそ永遠の生命が得られるとする一神教世界に顕著な終末論的な死生観や時間意識に対して、そのうちまた新たな形をとって生命が戻ってくると感じている円環的な死生観や永遠回帰的な時間意識とよべるものだ。宮沢賢治はこうした死生観を鋭敏に表現した。

だが、他方、賢治の描く死は、遠い彼岸世界の永遠の生命へと変容していくという少し異なるタイプの死生観にのっとったものもある。「ひかりの素足」では、それは仏による苦難からの解放、救済として描かれている。鬼に責められる「うすあかりの国」から「光の国」への移行の場面である。

「楢夫は許して下さい、楢夫は許して下さい。」一郎は泣いて叫びました。

「歩け。」鞭が又鳴りましたので一郎は両腕であらん限り楢夫をかばひました。かばひながら一郎はどこからか

「にょらいじゅりゃうぼん第十六。」といふやうな語《ことば》がかすかな風のやうに又匂《にほひ》のやうに一郎に感じました。すると何だかまはりがほっと楽になったやうに思って

「にょらいじゅりゃうぼん。」と繰り返してつぶやいてみました。すると前の方を行く鬼が立ちどまって不思議さうに一郎をふりかへって見ました。列もとまりました。どう云ふわけか鞭の音も叫び声もやみました。しぃんとなってしまったのです。気がついて見るとそのうすくらい赤い瑪瑙《めなう》の野原のはづれがぼうっと黄金《きん》いろになってその中を立派な大きな人がまっすぐにこっちへ歩いて来るのでした。

「にょらいじゅりょうぼん（如来寿量品）」は法華経（妙法蓮華経）の一六番目の章（品）でもっとも重要なメッセージが述べられているとされる。ある時代に地上で当時の人々に教えを説いた歴史上の仏陀は一つの現れで、無量の寿をもつ仏陀、永遠の仏陀という本体があると説かれている章だ。法華経に説かれるこの教えを信じることで、仏になることが約束される（授記）。賢治自身はそう信じていた。日蓮宗の信仰実践そのままに「南無妙法蓮華経」と書いてもよいところをやや婉曲に「にょらいじゅりょうぼん」と書いているのだ。

死生観を物語で表す

だが、宮沢賢治はこのような法華仏教的な死生観を物語や詩作品の中で、そのままの形で説くことは多くなかった。「ひかりの素足」はその少ない例の一つだ。賢治は法華仏教の教説はそのままの形で説くのではなく、むしろ物語（童話）の形で形象化することを是としていたと思われる。伝統宗教の型にはまらない自由な物語において、とりわけ子供の意識に照らし出されたような表象群によってこそ、伝統宗教が伝えてきた何かをより如実に伝えることができると考えていた。

死生観という観点からもそう言える。実は近代に生きる多くの人々は、極楽浄土や天国や地獄を如実に信じるというような、伝統宗教が説く死生観をそのまま受け入れるのは難しいと考え、それにかわる死生観の表出を求めようとしてきた。本書で注目するのは、そうした近代の死生観表出のさまざまな様態だ。宮沢賢治の作品にはそうしたさまざまな死生観が整理されることなく、豊かに提示されていると言ってよいかもしれない。

「死による解放と永遠の生命の獲得」ということであれば、「よだかの星」（ちくま文庫全集5）がよい例となるだろう。よだかは鷹に似ているが、醜いので鷹をはじめ皆からいじめられる。

（一たい僕は、なぜかうみんなにいやがられるのだらう。僕の眼は、味噌《みそ》をつけたやうで、口は裂けてるからなあ。それだって、僕は今まで、なんにも悪いことをしたことがない。（後略））

しかし、よだかが苦しんでいるのは、他の生きものから傷つけられるからだけではない。自分自身が他の生きものを傷つけいのちを奪うこともある。そもそもそうしなくては生きていけないのだ。

（あゝ、かぶとむしや、たくさんの羽虫が、毎晩僕に殺される。そしてそのたゞ一つの僕がこんどは鷹に殺される。それがこんなにつらいのだ。あゝ、つらい、つらい。僕はもう虫をたべないで餓《う》ゑて死なう。いやその前にもう鷹が僕を殺すだらう。いや、その前に、僕は遠くの遠くの空の向ふに行ってしまはう。）

賢治の物語が描く永遠の生命

この世で生きていくことの極度の困難に直面して、よだかは天に向かって飛翔する。星になるためだ。自死を選ぶようにも見えるが、それは自らを浄め聖化していく行為でもあった。究極の救いに向かってひたむきに進んでいくことの暗喩とも言えよう。

よだかはもうすっかり力を落してしまって、はねを閉ぢて、地に落ちて行きました。そしてもう一尺で地面にその弱い足がつくといふとき、よだかは俄《には》かにのろしのやうにそらへとびあがりました。そらのなかほどへ来て、よだかはまるで鷲が熊を襲ふときするやうに、ぶるっとからだをゆすって毛をさかだてました。（中略）

夜だかは、どこまでも、どこまでも、まっすぐに空へのぼって行きました。（中略）よだかははねがすっかりしびれてしまひました。そしてなみだぐんだ目をあげてもう一ぺんそらを見ました。さうです。これがよだかの最後でした。（中略）

それからしばらくたってよだかははっきりまなこをひらきました。そして自分のからだがいま燐《りん》の火のやうな青い美しい光になって、しづかに燃えてゐるのを見ました。

ここに見えるように、宮沢賢治の作品には、死んで永遠の生命を得る、死を通して究極の解放に至るというビジョンが現れることがある。だが、それは仏教やキリスト教など特定の信仰をもたなくとも、また死後の永遠の生を堅固に信じてはいなくとも理解し、感銘を受けることができるものだ。というのは、それは物語の中のことだからだ。

このように物語や論説を通して、伝統的な宗教教義に必ずしものっとってはいない死生観に親しみ、自分なりの死生観を身につけていく。これは近代の、そしてとりわけ一九八〇年代以降の日本で広く実践されていく死生観とのつきあい方である。宮沢賢治は独自の仕方でそうした死生観とのつきあい方を編み出した創造的人間の一人と見なすこともできるだろう。

死生観とは？

宮沢賢治は独自の死生観を表出した文学者としても傑出した存在だった。ここでは死生観という言葉で指示されるものの広がりと豊かさを示唆するために賢治作品に言及した。自らの死を予期してそれに備えること、死を間近にした経験を支えとして生きる生き方、死後の生についてまとまった考えをもつこと、死者とともにあることを強く意識する生の形、他者との死別の悲しみを重く受け止めて生きること等は、死生観を生み出す様式の主なものだ。そもそも文学作品の中にこれらのテーマはふんだんに見いだされるから、文学作品には死生観の表出として読むことができるものが少なくない。宮沢賢治以外にも興味深い死生観の表出を行った多くの文学者を例示していくことができるはずだ。

だが、この書物は文学作品に現れた死生観に注目するわけではない。文学作品であれ学問的な文章の形においてであれ、近代日本のさまざまな時代、さまざまな境遇の下での死生観についての典型的な言説に注目することにしたい。

時代は「死生観」という語が使われるようになった日露戦争前後の時期から、死生学が興隆し、さまざまな立場の多くの人々が死生観表出を享受し、かつ自らも自分なりの死生観表出を試みるようになる一九七〇年代以後（二〇世紀末〜二一世紀初めまで）を視野に入れたい。その間のまことに多様な死生観の表出のごく一部の例を取り上げるにすぎない。

本書の構成

おおよその流れは以下のようになる。まず、二一世紀初頭の状況を映画「おくりびと」とその元になった青木新門の『納棺夫日記』を例にとって考え、一九七〇年代以降の死生観のにぎわいの様子を述べる（第1章）。次いで、「死生観」の語の成立期に時計を戻す。大略一九〇〇年前後に一部の知識人が「死生観」を問うようになり、この用語が用いられるようになった。そこでは大いなる全体（自然・宇宙・実相）との調和関係を悟ることによって死による断絶や無への崩落を超えるという考え方が基調をなす。修養の説教家として知られた加藤咄堂《とつどう》に焦点をあてる（第2章）。知識人の場合、やがて死と直面することによってかえって心の安定を得るという態度も育ってくる。作家の志賀直哉がその典型だ（第3章）。

これら近代のエリートが民衆を指導する者としての自覚や、普遍主義的な文明の担い手としてのアイデンティティの形成のために形づくっていった調和的な死生観に対して、日本のさまざまな地域の多くの住民の生活の深層にある死生観を自覚すべきだという考えが出て来る。柳田国男や折口信夫に代表される民俗学的な死生観言説だ（第4章）。

また、深刻な社会不安の時期から第二次世界大戦後にかけて調和的な死生観を超えて、無に直面する死、無惨な死にどう向き合うかが強く意識されるようになる。宮沢賢治もここに位置づけられるが、本論では『戦艦大和ノ最期』の著者、吉田満を取り上げている（第5章）。一九七〇年代の死生観の隆盛に先立って、一九六〇年代にはがんによる死を予期した印象深い死生観の叙述が行われていた。あいついで亡くなった宗教学者の岸本英夫、作家で詩人でもあった高見順は中でも目立つ例だった（第6章）。

一九七〇年代以後についてては、まだ客観化するには時間が足りないかもしれない。この時期、死生観の表出は一段と増大する。多くの人々がそれに参与しているのだ。ここでは、それ以前の七〇年に及ぶ展開を踏まえて、どのようなことが言えるのか、いくつか探りを入れるにとどめたい。

とはいえ本書の全体を通じて、現代を生きる私たちにとって死生観はどのようなものかという問いが貫かれている。日露戦争期の加藤咄堂から「おくりびと」までかなりの時を経、生活環境は大きく変わったのは確かだ。だが、死をどのように意識していたかという問題に焦点を合わせると、加藤咄堂、志賀直哉、柳田国男、折口信夫、吉田満、岸本英夫、高見順、そして『納棺夫日記』の著者、青木新門や「おくりびと」の主人公、小林大悟、その誰もがたいへん身近に感じられる。死生観という問題は、どうも自らを傍観者にしておいて問うことが難しい主題のようだ。

第1章 「おくりびと」と二一世紀初頭の死生観

一 死に向き合うことの勧め

死を題材とする娯楽文化

滝田洋二郎監督、小山薫堂脚本、本木雅弘主演の映画「おくりびと」が、二〇〇九年、第八一回アメリカ・アカデミー賞外国語映画賞を受賞した。モントリオール世界映画祭でグランプリを受賞した勢いで、メディアが競って注目する世界の映画賞の頂点にまで達した。日本でも観衆の感動をよび多くの賞を得たのだったが、世界的な標準で二〇〇八年を代表する傑作と評価されたことは興味深い。

「おくりびと」とは死者の顔やからだを美しく整え、あの世への旅立ちの装束をつけて棺に納める仕事を請け負う業者を指すものだ。作品では、「おくりびと」が行う「死」の儀礼の描写が、反復されるハイライト・シーンになっている。死のタブーを背負わされ、社会の片隅に追いやられがちな存在がヒーローとなる。死を正面から見つめることが促されていると解釈するのは自然である。この作品は日本の多くの観衆の感動を呼んだだけでなく、海外の観衆にも訴える力をもっていたようだ。なぜだろうか。

二〇〇六〜七年には秋川雅史の歌う「千の風になって」（新井満訳詞）が大ヒットした。「私のお墓の前で　泣かないでください　そこに私はいません　眠ってなんかいません　千の風に　千の風になって　あの大きな空を　吹きわたっています」と死者が生者に語りかける歌詞が、多くの人々の心を動かした。これは欧米ですでに流行していた歌の日本語版である。

そういえば、イギリスに長期滞在してスピリチュアリズムに学んだ人気の「スピリチュアル・カウンセラー」、江原啓之が、死者のメッセージを伝えるテレビ番組「オーラの泉」は二〇〇五年から、「天国からの手紙」は二〇〇四年から始まっていた。江原の人気は二〇〇八年頃、ピークに達していた。これらの現象にはどこか相通じるところがあるのではないか。

旅立ちのお手伝い

「おくりびと」の物語は大都市のオーケストラの場面から始まる。新入りチェロ奏者だった主人公、小林大悟（演者：本木雅弘）が突然、オーケストラの解散を告げられる。大悟は失職し、やむなく生まれ育った庄内地方の都市に帰り、そこで「納棺師」になる。喫茶店を営んでいた父は妻と六歳だった大悟を捨て、ウェイトレスの女性とともに去った。その父こそ大悟をチェロに導いたのだった。一人で大悟を育てた母も二年前に世を去って、今はもういない。大悟は父を恨んでいるが、ふだん父のお気に入りのチェロ曲を演奏することで心を癒し清めようともしている。

広末涼子演ずる妻の美香とともにもと喫茶店「和」の空き家に帰り、「旅のお手伝い」の求人広告に応じて出かけたところ、即決採用されて納棺師の道を歩むことになったのだった。「NKエージェント」とは旅行代理店かと思ったが、実は納棺請負業のことだった。山崎努が演ずる「社長」、佐々木生栄は「旅立ちのお手伝い」の書き間違いだったと事もなげにごまかす。その悠然たる父性に魅了されて、大悟は納棺師の仕事を受け容れるようになる。

ポーカーフェイスで万事を飄然と、しかし冷静に判断し、思いやり豊かに行動するこの社長の立ち居振る舞いを見れば、失職した有能な若者が納棺師として生きていってもよいと思うのもなるほどと感じられる。人にいやがられる納棺師の社長は、どこか世を捨て悟りを開いた賢者のような風格がある。

ところが、大悟は美香に納棺師という仕事を得たとは言えない。しかしやがて察知されてしまう。そんな恥ずかしい仕事はやめてほしいと懇願しても夫は屈しないので、美香は「汚らわしい」という言葉を残して実家に帰ってしまう。現代の若者の孤独と脆く危うい絆もこの作品の隠し味だ。

確かに死骸処理の仕事は楽ではない。汚物にまみれ腐爛した病死体や自殺者の遺体を清めなくてはならないこともある。遺族からも周囲の人たちからも冷たい眼差しを浴びせられる。だが、心を込めて遺体を清め、死化粧をして「死者を送る」仕事には、芸術家を志した大悟の心を捉えるだけの、深い意味があると感じられてくる。

絆の回復

妊娠がわかって帰ってきた美香がついに夫の意思に納得したのは、銭湯のおばちゃんで未亡人の山下ツヤ子（演者：吉行和子）を送る納棺と火葬に立ち会った時だった。銭湯をやめてマンションにしようと母と争っていた息子が、懺悔の涙に暮れる。また、銭湯の常連客で実は火葬場の職員だった平田正吉（演者：笹野高史）は、ツヤ子との淡い愛と死別の思いを語る。死は旅立ちであり、死に立ち会うことは門の向こうに送り出すことだ。死という門において、自分はたくさんの人を送り出して来たのだと。

ようやく美香も死者を送る仕事の意義が納得できるようになる。ちょうどその頃、大悟の父の死の知らせが届く。近隣の漁師町で一人きりの孤独な男が死んでいた。その荷物に住所が記されていて連絡が来た。逡巡の末、大悟は遺体の父に会いにいく。そして自ら納棺を執り行おうとして、固く握られた父の手をいぶかって何とか開く。すると、そこから一つの小石がこぼれ落ちて来る。

その小石は小さな大悟が河原で父と交換した丸い石の片割れだ。大昔の人類が気持ちを伝え合うのに、自分の気持ちを表す石を用いたのだという。父がくれた少し大きなゴツゴツした石は実家の古いチェロとともにあった。大悟が父にあげた石が、死にゆく父の手に握りしめられていたのだった。大悟は父の手からこぼれ落ちたその石を自分の子どもがいる美香のお腹に押し当てる。

納棺というドラマ

以上の筋書きからわかるように、この映画の背後では父と息子の軋轢《あつれき》と和解という物語、悲しみを超えて癒しの時が訪れる物語の時間が流れている。父の死とツヤ子の死という重い犠牲を経て、生への信頼と若い夫婦の絆が回復される。だが、それはまた納棺師という職業のスティグマに傷つく主人公を通して、現代の葬送儀礼の卑賤視された側面に目を向け、そこにこそ「死者を送る」精神の精髄を見いだそうとするものでもあった。

「納棺師」というのは後に紹介する青木新門の『納棺夫日記』で取り上げられた「納棺夫」という職種を言いかえたものだ。この納棺夫という職業は全国どこにでもあるものではない。死体を清める湯灌や死者の身づくろいはかつては遺族が行ったが、今ではおおよそ葬儀業者に任せる傾向が強まっている。また、病院で看護師が行う清拭《せいしき》（エンゼルメイク）と区別がつきにくいものにもなっている。いずれにしろ必ずしも目立つ儀礼ではない。

だが、この作品では、納棺師は行き届いた心配りと修練された精妙な身体技法で、死者にふさわしい荘厳な美を与える。静かな、だが繊細をきわめる技で人々の心を癒し感動をもたらす、魅惑的な職種として描き出されている。納棺の儀式を終えた遺族が、社長や大悟に深い感謝の念を吐露する場面が複数ある。また、雪をいただく山を背景に、飛び立つ白鳥の群れを美しく描いた映像も印象的だ。

映画館でこの作品を見た後、ある葬儀で知り合った葬儀業者の社員に感想を聞いたところ、「誤解を招くので困っている」とのことだった。「そんなに収入がよくありません」とも言われた。最初の場面で社長は大悟に月収五〇万円を提示するのだが、そんな高給はありえないということのようだ。

この映画を見て、納棺夫や葬儀業者や火葬場職員が人の死生の真実に深く関わる職業であると考え、そうした職種に就職したいと思う若者が増えたかどうか分からない。だが、卑賤視されがちな死に関わる職種の意義が見直されるという、偏見解消的な効果をもつのは確かだろう。また、遺族が湯灌を業者に任せる傾向はいっそう強まるだろう。業者が湯灌の演出に力を入れる傾向も生じるかもしれない。

たとえば主人公が腐爛した死体に辟易する場面や遺族の言い争いの場面を通して、この作品は死の統御できない荒々しい側面を描き出している。その上で、だからこそ死者を送る儀礼プロセスは意義深いもので、生の充実感の源泉となるような力を秘めたものだと示唆もしている。死を忘れた近代文化に対して、再び死に向き合うことを促す文化潮流に棹さすものと言ってよいだろう。

二　死を超える力はいずこから

死を語る

作品ではいくつかの場面で、死を主題とした印象的な会話が語られている。死をまったく疎遠で近づきがたいものとはせず、身近な事柄として考え語るという態度が示される。作品全体を通して、死があってこそ生の力がもたらされること、死に立ち会いつつ死を超える絆を築きうること、死者を美しく送ることで和解と愛が、そして充実した日々の生がもたらされうることが印象づけられていく。

たとえば、大悟が納棺師をしていることに美香が気づき、美香が「一生の仕事にできるの」、「恥ずかしいと思わないの」と詰問する場面がある。

大悟「どうして恥ずかしいの。死んだ人に毎日さわるから」

美香「ふつうの仕事をしてほしいだけ」
大悟「『ふつう』って何だよ。誰だって必ず死ぬだろ。僕だって死ぬし、君だって死ぬ。死そのものがふつうなんだよ」

死を人間が生きていく上で避けられない当たり前の事実だとする考えが示されている。死を避けて見ないようにする態度では何かが足りない。日本でこの見方が広まってきたのは新しいことだ。

生と死は表裏一体

また、妻の美香が実家に帰ってしまって沈みがちな納棺師生活を続ける主人公、大悟と銭湯の常連、実は火葬場の職員の平田正吉が橋の上から川面を見つめながら語り合う場面がある。上流へと遡ろうとする何匹かの魚の横を同種の魚の死体が下ってゆく。

大悟「何か切ないですよね。死ぬために上るなんて。どうせ死ぬなら何もあんなに苦しまなくても」
正吉「帰りてえんでしょうの。生まれ故郷に」

また、意気消沈している大悟を社長の佐々木が自室によび、卓上のいろりをはさんで食べ物を勧めつつ、それとなく励ます場面がある。ふぐの白子を焼きながら、佐々木は自分の背後に飾っである亡き妻の写真に、大悟の目が止まっているのに気づく。

社長「女房だ。九年前に死なれちまった。夫婦ってものはいずれ死に別れるんだが、先立たれるとつらい。きれいにして送り出した。俺の第一号だ。それ以来、この仕事してる。（焼けたふぐの白子をもって）これだってなあ、（おいしそうにしゃぶりついて）ご遺体だよ。生きものが生きもの食って生きてる。だろ。……死ぬ気にならないなら、食うしかない。食うならうまい方がいい。うまいだろ」

大悟「うまいっすね」

社長「うまいんだよなあ。困ったことに」

これらのエピソードを通して、死と生は相反するものではない、むしろ表裏一体の何かだという考えが示されている。死があってこその生だ。生から死を切り離して遠ざけることはできないという死生観がほのめかされている。これは現代日本の死生観言説の一つの特徴だが、それを印象的に語っているという点で「おくりびと」は目立つ作品だ。

絆の回復への希望

作品の終わりの方では、重要な登場人物の死の場面が描かれていく。銭湯のおばちゃん、ツヤ子の死に際して、美香は大悟が精妙に別れの式を進めるのを目のあたりにする。ツヤ子の顔を拭く所作のため、大悟が渡すガーゼをうやうやしく受けとることで、美香は大悟の仕事がもつ深い意義を承認する。

続いてツヤ子の遺骸を送る火葬場の場面となる。いつも銭湯で将棋を打っていた正吉が棺を炉に収め点火する役割の職員であることが分かる。ツヤ子は死ぬ少し前のクリスマスの夜に、正吉とケーキを分け合いつつ、ともに銭湯を営んでほしいと愛を告げたという。そのツヤ子の棺の入った炉に点火しようとして、正吉は次のように語る。

長《なげ》えことここさ居て、つくづく思うんだよの。死は門だなあって。死ぬってことは終わりってことでなくて、それをくぐり抜けて次に向かう門です。私は門番として、ここでたくさんの人を送ってきた。「行ってらっしゃい。また会おうの」って言いながら。

死を「別れ」にたとえるのは珍しいことではないが、「門」にたとえたり、再会を約束するというのは日本の死生観では新しいかもしれない。はかない絆の回復の希望が強調されているのだ。また、「門番」の比喩は正吉という登場人物に高い象徴的な意義を与える役割を果たしている。

筋書き要約の折にも示唆したように、もっとも感動的な場面は、大悟と父の遺体との出会いの場面である。突然、父の死の知らせが舞い込んだ時、大悟は遺体を弔うことを拒否する。自分と母を捨てて去った父への恨みは深い。だが、親は子どものことを深く気づかっていたはずだと察する美香や、自ら愛人のために幼い子どもを捨てて今なお会うことができないでいるＮＫエージェント事務員、上村百合子（演者：余貴美子）に説得されて、大悟は現地に赴く。

父は段ボール一つの所有物とともに、漁協の小さな部屋に横たわっていた。孤独にさすらう身の父は、漁師の仕事を手伝って小さな部屋を与えられて暮らすうちに静かに亡くなった。悲しい孤独死である。大悟はその顔にかけられた布を取りのけて、父の死に顔と対面する。

情けないけど覚えていない。おやじの顔、こんな顔してたって見てもわからないんだ。何だったんだろう。この人の人生って。七十数年生きて残したものがこの段ボールだけ。

だが、その遺体の身仕度を整えようとして、大悟は父の右手がかたく握りしめられているのに気づく。左手と組み合わせるため、丁寧にしかし力を入れて何とかその手を開こうとしたとき、その右手から小石がこぼれ落ちた。その時、大悟の脳裏に幼い自分が向き合った父の顔がよみがえる。チェロを教え、石を受け渡した父の面影が。淋しい最期だったが、愛の絆はかろうじて保たれていた。

和解、明るい未来、美しい自然

「おくりびと」は全体として、荒々しく残酷な死の衝撃を語るとともに、葬送儀礼の軽視されてきた側面がもつ大いなる力により、死の衝撃が克服されうることを語っている。だが、それとともに、死を経ることで親子の根深い葛藤が克服されうること、そして家族の絆が回復されうることを示唆している。

ツヤ子の息子は、母を送るとき母の意思に反し、争い続けてきたことを激しく悔いて、「母ちゃん、母ちゃん、ごめんの、ごめんの」と繰り返し母に許しを乞う。他の葬送の場面でも、度々和解への歩みが示唆されているが、その楽観性に違和感を覚える人もいるだろう。しかし、多数の観衆はそこでほっと涙を落とす。

この作品はまた、故郷の復興の願いを希望的に語ってもいる。死にゆく人の旅立ちは鳥海山を背景とした白鳥たちの飛翔のように美しい。それはまた、川を遡って産み落とされた故郷に帰り死を迎える魚の、けなげな一生が報いられることへの期待でもある。人情あふれる銭湯は存続が可能になるだろうし、段ボール一つの所有物とともに世を去った大悟の父の質素な生きざまや、社長やツヤ子や正吉の素朴ながら人情味あふれる生活は、美しい自然を背景にチェロを演奏する大悟や、美香や美香のお腹の子によって継承されていくだろう。

繊細な所作の力

作品はまた、山崎努と本木雅弘が演じるところの、精妙で流麗な儀礼的所作の美的な力を雄弁に表現してもいる。そこに小津安二郎作品をはじめとする日本映画が培ってきた、独自の伝統が受け継がれているように思う。それはまた、日本の武道や芸道が伝えてきた、儀礼的コミュニケーションの豊かな伝統を反映するものでもあろう。

本木雅弘はこの作品を構想したとき、納棺師の仕事が「人に見られながら儀式を進める点では、芝居に近い」ものだと感じたという（『マリオン・ライフ』二〇〇八年九月号）。納棺師を演ずる山崎や本木、またそれを演出し撮影する滝田監督らは、この繊細を極める美的表現の伝統に、自らも参入するようにしてこの作品を形づくっていったと見てよいだろう。

だが、それはまたとても新しい現代的な感受性を反映してもいる。厳しい鍛錬を経て習得され、流れるように演じられる納棺師の身体性は、チェロ奏者のような現代アーティストの身体性とも通じているが、高度に洗練されたサービス業者や現代組織人の身体性とも通じている。万全の配慮と繊細さをきわめる丁寧でなめらかな振る舞いを身につけたレストランやホテルや航空機接客係、あるいはよどみなく流麗なプレゼンや交渉術を身につけた現代ビジネスエリートの繊細な儀礼的パフォーマンスを思い浮かべてもよいだろう。

本木雅弘が演ずるところの納棺師が人々の共感をよぶ背景には、こうした繊細美に私たちが囲まれるようになっているという事実がある。それをとても気持ちよく感じる人々がいるとともに、どこかやりすぎで窮屈ではないか、もっと言えば強迫的抑圧的ではないかと感じる人々もいるだろう。伝統的な儀礼の窮屈さにとまどって右往左往する人々を描いた伊丹十三監督の「お葬式」（一九八四年）の、ときに野性的で無秩序な、肉感あふれる解放感覚と対比してみるのもよいだろう。

三　『納棺夫日記』から「おくりびと」へ

納棺夫としての経験

「おくりびと」は青木新門の小説、『納棺夫日記』にインスピレーションを受けたものだ。この本は一九九三年に「納棺夫日記」他の短篇小説集として初版が刊行された。九六年に刊行された増補改訂版（文春文庫）では、他の二つの短篇が削除され、かわりに「『納棺夫日記』を著して」という自作解説文と、作家で親鸞を慕う仏教者の高史明による解説が掲載されている。

短篇「納棺夫日記」は一九七三年以来、富山県で冠婚葬祭業に携わった経験をもとに、著者の死生観・宗教観を述べたものだ。増補改訂版のテクストから青木作品の特徴と魅力のゆえんを探ってみたい。

作家の吉村昭が序文に次のように書いている。

人の死に絶えず接している人には、詩心がうまれ、哲学が身につく。それは、真摯に物事を考える人の当然の成行きだが、『納棺夫日記』には、それが鮮やかに具現されている。この作品の価値は、ここにこそある。

死体をいだき、納棺する青木さんを、私は美しいものと感じ、敬意を表する。

作品では青木が次第に仏教にひかれ、宮沢賢治、高見順、金子みすゞなどの詩作品にも鼓吹されながら死への省察を深めていき、最終的には浄土真宗の信仰理念に近い仏教哲学へと近づいていくさまが描かれている。

『納棺夫日記』の語り手で、納棺夫になったばかりの頃の青木新門自身も、「おくりびと」の大悟と同様、妻に「穢《けが》らわしい、近づかないで！」という言葉を投げつけられたという。大悟同様、青木も死の穢れによる排除の態度に悩まされた。そこに青木は、穢れにとらわれて死から目をそらそうとする、閉ざされた精神を見る。また、死から目をそらすのは、生と死を画然と分ける西洋文化の悪影響によるものだとも論じられている。

仏と出会う「光の体験」

既存の宗教は死に向き合う力を失っている。だが、「みぞれの中で大根を洗うこの地方の老婆は、梢に残った木の葉が一枚落ちる度に、『なんまんだぶつ』と口ずさんでいる」。そんな素朴だが力強い信仰の次元をとらえようとして、青木は煩悩を超えた次元から照らし出されるような「光」の経験に注目するようになる。たとえば、高見順の詩集『死の淵より』の中の「電車の窓の外は」が取り上げられる。この作品の次のような詩句こそ青木が悟りの境地の表現ととらえるものだ。

電車の窓の外は

光にみち
喜びにみち
いきいきといきづいている
この世ともうお別れかとおもうと
見なれた景色が
急に新鮮に見えてきた
この世が
人間も自然も
幸福にみちみちている
だのに私は死なねばならぬ
だのにこの世は実にしあわせそうだ
それが私の心を悲しませないで
かえって私の悲しみを慰めてくれる
私の胸に感動があふれ
胸がつまって涙が出そうになる

親鸞が無量光仏（阿弥陀仏）を意識しながら不可思議光と名づけたこの〈ひかり〉に出会うと、不思議な現象が起こってくると青木はいう。「まず生への執着がなくなり、同時に死への恐怖もなくなり、安らかな清らかな気持ちになり、すべてを許す心になり、あらゆるものへの感謝の気持ちがあふれ出る状態となる」。こうした光の体験こそ、煩悩が消滅し生死を超えることを可能にし、大乗仏教の最終目標に一瞬のうちに到達させてくれるものなのだ。青木は浄土真宗でいう「正定聚《しょうじょうじゅ》」というのはこの境地だと説いている。

しかし、「現代人に宗教を説き、信を求める時、この不可思議光が万物一切の本質であり、宇宙の真理であることを、どのように納得させ得るかが、問題なのである」。現代の宗教は現場に即応した死生観を説くことができなくなっている。現場の死に近づく機会があり、その体験を如実に伝えることができる詩人や納棺夫にこそ、そのような力をもった導きができるのかもしれない。青木はそう示唆している。

以上、紹介してきたように、青木新門の『納棺夫日記』は、おおよそのところ仏教の教えに導きを求めている。ただ、それを現代的に咀嚼して、現場の経験に即して語り直す必要があるとし、詩人的な感性や表現力が必要だとも論じている。実際にはその後、『納棺夫日記』は浄土真宗の人々に歓迎され、真宗の信仰や真宗寺院の葬送儀礼の再活性化の方向で活用されたようである。いずれにしろ、『納棺夫日記』は既成仏教の儀礼に対して否定的で、教えや体験に希望を見いだそうとするものだった。そもそも浄土真宗には葬送儀礼の形式的呪術的側面に対して否定的な評価を下す伝統があるが、真宗地帯で暮らしながら死の文化に考えをめぐらした青木は、その伝統を引き継いでいるように見える。

宗教・宗派を超えて

「おくりびと」は確かに『納棺夫日記』のモチーフを多々借用しており、それらをうまく翻案して用いている。だが、死の文化の窮状にどう対処するかという点では、『納棺夫日記』とは異なる方向を見ているようだ。
「おくりびと」では、キリスト教の家族の納棺場面も映し出されている。また、佐々木社長は、クリスマスに事務所で大悟にチェロをひかせるとき、特定宗派にこだわらない鷹揚さを見せて、観衆の共鳴を誘っている。「おくりびと」は教義や宗教組織や悟りの境地などではなく、儀礼や修練された所作にこそ希望をかけているからだ。それは洗練されたチェロの演奏や高度のビジネス・パフォーマンスを通して、個々人の心理的安定や幸福感が享受されることへの期待と相通じるもののようである。

この点で先ほども言及した伊丹十三の「お葬式」との対照に少し立ち入ってみよう。「お葬式」では儀礼が身についていない人々の、儀礼に対するとまどいがコミカルに描かれていた。だが、「お葬式」の人々は、儀礼についていけなくとも、濃密な家族、親族、近隣の人間関係にどっぷり浸り込んでいた。伊丹作品のおもしろさはその煩わしさに苦しむ人々の、まったく洗練されていない猥雑な振る舞いが繰り広げる悲喜劇にあった。

だが、「おくりびと」では父と子、母と子、そして妻と夫のか細くはかない絆が問題になっている。ハッピーエンドに終わっているようだが、けっしてがっちりとした温かい絆の回復が期待されているわけではない。個々人が習得する入念精妙なパフォーマンスに支えられて、かろうじて絆が実感される。

共同体から個人へ

そういえば、この作品は、実は単身者たちの物語ではなかったか。長く孤独で住所も不確かな大悟の父や、おそらく単身生活の上、二年前に亡くなった大悟の母だけではない。NKエージェントの佐々木社長、上村事務員、銭湯のおばちゃんツヤ子、火葬場職員の正吉と、多くの重要登場人物は単身者のようである。そもそも地方の小都市の閑散とした街路風景が、薄れゆく絆を露わにしている。確かに社長と大悟が納棺のために訪れる家族は、濃密な共同性や複雑な人間関係をかいま見せている。だが、主人公たちはどちらかといえば、そうした共同性の外に立っている。「千の風になって」は死者と生者の連帯を高らかに歌っているようにも受け取れる。だが、宇宙をかけめぐる孤独な魂の語る言葉は、残された者の孤独を寂しく歌っているようにも聞こえるはずだ。

「おくりびと」のハッピーエンドも、親子や夫婦の温かい絆に賛歌を捧げていると解釈できないこともない。だが、むしろこの作品は、厳しい死の表象を媒介とすることで、かろうじて薄くか細い絆への信頼感を呼び覚まそうとしていると見るべきだろう。広々とした庄内平野の春風に吹かれながら、朗々と奏でられるチェロの響きは、そうした孤独な現代人の心象風景にふさわしいように思える。

この解釈は、現代における死の文化の復興と見られるもの全体の解釈にも関わってくる。個人化の進行によって自己を支える共同性を見いだしにくくなった現代人は、死や喪失を強く意識し、その表象を深く内面化する。そしてそのことによって、はかない個々人の間の絆を保持し、かろうじてわが身の置き場所を確保しようと試みている。

「おくりびと」とは、か細い絆の喪失に何とか耐えようとする、けなげな諸個人を支える先達の呼称かもしれない。そしてグリーフケアのセラピストと同様、「おくりびと」の先達も、繊細なケア精神の発揮によって自らの痛みを癒し、実は受け手たちに支えられているのだろう。観衆はそうした登場人物たちに自らの似姿を見て、心を動かされるのだと思う。

四　欧米からの移入と日本の死生学

死生学の興隆

『納棺夫日記』や「おくりびと」は、現代日本人が死生観に大いに関心をもっていることをよく示している。では、いつ頃からそうなったのか。従来からこの傾向があったのか。いやいや、近代人は死を遠ざけてきたといわれる。近代化が進むと死の儀礼を次第に簡素なものにし、死を口にすることをきらうようになる。死の文化を疎遠化してきたのだ。

ところが、その傾向があまりに強まってきたので、今度は死の文化を取り戻そうとする動きが起こる。ホスピス運動が大きな原動力となって、アメリカやイギリスでは一九六〇年代に Thanatology（Death Studies）が、日本では一九七〇年代に死生学が興隆する。他の地域でも同様の動きは広がっており、国際的な広がりをもった文化動向と見ることができる。『納棺夫日記』や「おくりびと」はこうした文化動向を受けた創造的な作品群の例と見ることができる。

英語の Thanatology や Death Studies という語に対応する日本語として「死生学」という言葉が使われるようになったのは、一九七〇年代のことで、医療やケアの現場に密接に関わる新たな知の様態として登場してきた。日本で死生学を学ぼうとするもっとも早い動きは、一九七七年に大阪で始められた「日本死の臨床研究会」であろう（岡安大仁《まさひと》『ターミナルケアの原点』人間と歴史社、二〇〇一年）。それに先立って、淀川キリスト教病院の精神科医、柏木哲夫は、死に行く者に対する独自の「チームアプローチ」を行っていた（柏木哲夫『死にゆく人々のケア――末期患者へのチームアプローチ』医学書院、一九七八年)。これはホスピスケアにひじょうに近いものだったが、柏木自身はまだそのことを意識していなかった。日本で初めてホスピスが紹介されたのは、『朝日新聞』の一九七七年の記事によるもので、「日本死の臨床研究会」の発足とほぼ時を同じくする。

一九八一年には聖隷三方原病院(静岡県浜松市)に日本最初のホスピスが設立される。「日本死の臨床研究会」は八二年の第六回の集まりには、すでに五〇〇名近い医療関係者を集めるに至っていたという。以後、ホスピスが必要だという認識は急速に広まっていく。もちろん、そこにはそうなるべき必然的な理由があった。医療の発達によって「畳の上」で死ぬ機会は急速に減っていった。だが一方、病院で死に行く人々に対して、ケアをするすべを知らないという、近代医療の重大な欠陥が次第に露わになってきたのである。死に向き合うすべを知らない病院に絶望して、ホスピス医となった山崎章郎医師による『病院で死ぬということ』(主婦の友社)がベストセラーとなったのは一九九〇年のことであるが、病院での死の無惨さは、その頃には多くの人々の如実な体験となっていた。

グリーフワークの広がり

看取る側の苦境の自覚も高まった。一九八〇年代には身近な家族が死に直面していたり、家族の死を経験した者たちの悲嘆に応じるケア（グリーフワーク）の場が求められるようになった。カトリックの神父でもあるアルフォンス・デーケン教授は、八二年に上智大学で「生と死を考えるセミナー」を開いたが、その聴講者が集うようになり、翌年、「生と死を考える会」が始められた（アルフォンス・デーケン『死とどう向き合うか』日本放送出版協会、一九九六年）。この集いは大きな反響を呼び、九六年の段階で東京の会員は一五〇〇名を超え、全国三五カ所で同様の集いが開かれるようになっていた。並行して、各地でグリーフワークの集いがもたれるようになった。

デーケンは自らのライフワークを「死の準備教育」（デス・エデュケーション）であるという。人は子どもの時から死と向き合うしかたを学んでいくべきだとし、小学校から大学までそのような授業をカリキュラムに組み込もうとするものである。そして、「死の準備教育」を支える学問的な知の体系が「死生学」である。デーケンはドイツをモデルにこのような試みを広げようとしたが、一九九〇年代には日本でも「死の準備教育」や「死生学」に関わりが深い本がいくつも刊行されるようになった。

キリスト教色が強いホスピスやグリーフワークの広がりを追うように、仏教界はビハーラ（サンスクリット語で「休息の場所」の意味）の運動に乗り出すようになる。長岡西病院（新潟県長岡市）を拠点として田宮仁がビハーラの理念を提唱するのは一九八五年だが（田宮仁『「ビハーラ」の提唱と展開』学文社、二〇〇七年）、それは直ちに仏教教団内に多くの賛同者を見いだした。東京の仏教情報センターの中に仏教ホスピスの会ができたのは一九八七年であり、デーケンの

「生と死を考える会」と類似の「いのちのつどい」が行われるようになる。こうして九〇年代には、仏教が加わった多様なターミナル・ケアやグリーフワークの試みがなされるようになる。こうした動きを踏まえて、九三年に東洋英和女学院大学では大学院人間科学研究科に死生学のコースが開設され、九五年には日本臨床死生学会が結成され、その第一回大会が開かれている。

脳死・臓器移植問題と死生観

だが、死生学への関心は、以上のような臨床死生学への関心に限定されるものではない。同じ時期、日本では脳死・臓器移植をめぐる議論が活発に行われた。この問題は、一九七〇年代から論議されてきたのだが、本格的な議論がたたかわされたのは、八九年に設置が決められたいわゆる「脳死臨調」(臨時脳死及び臓器移植調査会)においてで、その九二年の答申に基づき、「臓器の移植に関する法律」が公布されたのが、九七年のことである。そこでは、死とは何かについて突っ込んだ議論が行われた。その背後には、親しい看取りの人々から切り離されて医師という専門家が管理し決定する死は本来の死ではないのではないか、という重い疑問が投げかけられていた。

脳死・臓器移植をめぐる議論にある種の深みを与えた作品の一つに、柳田邦男の『犠牲《サクリファイス》――わが息子・脳死の11日』(文藝春秋、一九九五年)があった。この作品はひきこもりの末に二五歳で自らのいのちを断った息子、洋二郎が、脳死状態で病院にとどまっていた間の作家の思いを語ったものである。洋二郎は悲しい人生の終焉を迎えながらも、自らの生の証として臓器移植も望んでいたので、作家は死に至る息子の心情に思いをこらすとともに、脳死問題への考察を深めようとし、重要な提言をも試みたのだった。

それは「『二人称の死』の視点を」という言葉に要約されている。三人称の視点で死と向き合う医師の立場からではなく、かけがえのない他者の死と向き合う遺族らの視点から脳死とは何かを考えるべきだという主張だった。「二人称の死」と「三人称の死」という概念はフランスの哲学者、ウラジミール・ジャンケレヴィッチの『死』(みすず書房、一九七八年、原著、六六年)から借りたものだが、人と人との間柄を重んじる日本人の感受性に響くところがあったためか、多くの人々が用いるものとなり、日本の脳死・臓器移植問題の論議にも一定の影響を及ぼすこととなった。

こうして八〇年代、九〇年代(とくに後者)の日本では、生命倫理問題が死生学や死生観に関わる重要な問題として考察されることとなったが、これは欧米諸国ではあまり見られない現象だった。欧米では脳死による臓器移植が善であることを疑う声が小さかった。キリスト教の死生観の影響が色濃い欧米では、文化的に多様な形態をとる死生観と生命倫理の接点という問題意識は今日に至るまであまり強くない。

宗教文化の変容と死生観

八〇年代から九〇年代にかけて、日本では医療やケアの現場から死生観を問い直す動きが顕著に見られたが、やや目を広げて宗教的な文化の変容に注目すると、そこでも死や死生への関心が強まっていたことが知れる。臨死体験と輪廻転生への関心の高まりは、七〇年代以来、先進国を中心として起こった世界的な現象である。医師のレイモンド・ムーディが『かいまみた死後の世界』の原著を刊行したのは一九七五年だが、この書物に共鳴するのはオカルト的な関心をもつ人々だけではなかった。

九一年三月の「NHKスペシャル・立花隆リポート臨死体験　人は死ぬとき何を見るのか」は視聴率一六・四パーセント（首都圏）の高率だった。臨死体験が意義深いと見なすことと輪廻転生をありうると見なすことは連動している場合が多い。井上順孝らが日本の大学生を対象として九五年に行った調査（「現代大学生の宗教意識」『中外日報』一九九五年一〇月三一日号）では、臨死体験を信じる学生、二一・〇パーセント、ありうると答える学生、四八・一パーセント、輪廻転生を信じる学生、一五・三パーセント、ありうると答える学生、三六・八パーセントであった（島薗進『精神世界のゆくえ――現代世界と新霊性運動』東京堂出版、一九九六年、新版、秋山書店、二〇〇七年）。

大衆娯楽文化においても死や死後の生といった話題はタブー視されるどころか、積極的に取り上げられるようになってきた。『アエラ』二〇〇三年八月一八―二五日号は、「10代死生観アンケート」の結果を載せている。一〇〇人のうち、三割が「死のうと思ったことがある」と答えたという。この記事は〇三年の前半だけで一一件、三二人が試みたというネット心中の流行に想を得ている。たくさんの高校生が集団自殺をする「自殺サークル」（園子温《そのしおん》監督）は〇二年の作品だ。映画作品やマンガ作品に死をむやみに身近に引きつけようとするものが増えている。

弔いの文化の変容

さらにまた、葬儀やお墓をめぐってこれまでのあり方でよいのかを問う試みが活発化する。すでに、圭室諦成《たまむろたいじょう》の『葬式仏教』（大法輪閣）は一九六三年に刊行されていたが、これは少数の専門家を読者とするものだった。一般視聴者・読者を対象とするものとしては、伊丹十三の最初の監督映画作品、「お葬式」（一九八四年）が画期的だろう。続いて、自然葬の推進を目指す「葬送の自由をすすめる会」が発足するのが九一年、島田裕巳の著書『戒名――なぜ死後に名前を変えるのか』（法蔵館）の刊行が九一年である。

欧米でこの方面からの死生学の基礎的な業績と見なされている、フィリップ・アリエスの『死と歴史』（原著、一九七五年）は八三年（みすず書房）、ジェフリー・ゴーラーの『死と悲しみの社会学』（原著、一九六五年）は八六年（ヨルダン社）、『死を前にした人間』（原著、一九七七年）は九〇年(みすず書房)に訳書が刊行されている。アリエスやゴーラーの著作は歴史的、社会学的な研究を踏まえて、現代人が死をもてあましていること、現代人の生活が死の文化から疎隔されていることを示そうとしたものだった。

戦死者の慰霊の問題も長期にわたって死者をめぐる人々の記憶と関心を呼び覚ましてきた。靖国神社と国家の関係をどのようにすればよいかという問題については、第二次世界大戦後さまざまな方針が提起され、議論が重ねられてきた。だが、当初は日本に特殊の問題と考えられてきたこの問題が、実は世界各地で見られる戦死者の追悼をめぐる政治問題の日本的な表れとしても理解できることが認識されるようになってきた。

この点では、一九八〇年代以降に急速な進展があった。そこでそもそも死者の慰霊・追悼の文化にどのようなバラエティがあり、それらがどのような宗教的背景をもっているのか、また歴史上、とりわけ近代の戦争において戦死者の慰霊・追悼がどのようになされてきたかについての知識の蓄積と比較検討がなされるようになってきた。

日本人の死生観への関心

『納棺夫日記』や「おくりびと」のような昨今の死生観文化の背景を見るため、一九七〇年代以降、日本の学問・文化・医療・教育の中で死生観への関心が高まってきた様子を概観してきた。

欧米の死生学（Thanatology、Death Studies）に大いに触発されつつ、独自の展開をしてきたことはご理解いただけただろう。「おくりびと」が大ヒットした二〇〇八年前後には、死生学や死生観の領域に関心をもつ人々の割合は相当、高くなっている。

二〇一〇年の九〜一〇月に行われた朝日新聞の死生観に焦点をあてた世論調査を見てみよう（朝日新聞、二〇一〇年一一月四日付）。三千人の有権者を対象に郵送法で行われたもので、回答率は七七パーセント、有効回答数は二三二二だ。「もし、あなたの家族が、末期がんだとわかったら、そのことを本人に知らせたいと思いますか。知らせたくないと思いますか」という質問への答は、「知らせたい」が四〇パーセント、「知らせたくない」が四八パーセントだ。また、がんに限らず、「家族が治る見込みのない病気で余命が限られていることがわかった場合、本人に余命を知らせたいと思いますか。知らせたくないと思いますか」という質問への答は「知らせたい」が三七パーセント、「知らせたくない」が五二パーセントだ。あいかわらず、死期の告知に対する逡巡の気持ちが目立つ。

だが、一方、「もし、あなたが治る見込みのない末期がんだとわかったら、そのことを知らせてほしいと思いますか、知らせてほしくないと思いますか」という質問への答は「知らせてほしい」が七八パーセント、知らせてほしくないが一八パーセントだ。また、「自分が治る見込みのない病気で余命が限られていることがわかった場合、余命を知らせてほしいと思いますか。知らせてほしくないと思いますか」という質問への答は、「知らせてほしい」七六パーセント、「知らせてほしくない」二〇パーセントである。他者には死期を自覚してほしくない、だが、自分自身のこととして考えた場合、やはり死期を自覚して最後の時を過ごしたいという考えが強まっているのだろう。

宗教は信じないが、よき死には関心がある

では、それは宗教と関係があるだろうか。多くの人はそう考えていないようだ。「宗教を信じることにより、死への恐怖がなくなったり、やわらいだりすると思いますか。そうは思いませんか」という質問に「死への恐怖がなくなったり、やわらいだりする」と答えた人は二六パーセント、「そうは思わない」と答えた人は六八パーセントだ。ところが、「人間は死んだあとも、霊魂が残ると思いますか。そうは思いませんか」という質問の答は「霊魂が残る」四六パーセント、「そうは思わない」四二パーセントで拮抗している。死後の霊魂の存続を信じるのは宗教ではないのかしらと疑問がわくが、かなりの割合の人が宗教には期待しないが霊魂の存続は信じるという反応だ。

霊魂の存続に関心があるのであれば、当然、死をどう迎えるかについても考えていることだろう。実際、この世論調査ではそうした反応が目立つ。「自分の死のむかえ方について、できるだけ自分で決めておきたいと思いますか。そうは思いませんか」という質問への答は、「できるだ

け自分で決めておきたい」四四パーセント、「そうは思わない」五〇パーセントだ。また、ぽっくり信仰やピンピンコロリ願望にも関わる質問「自分が死ぬときのことを考えたとき、どちらが望ましいと思いますか」への答は、「ある日突然に、何の準備もせずに死ぬ」四四パーセント、「余命を知り、心の準備をしてから死ぬ」四九パーセントである。もっと積極的に死に心を向けているかどうかについての質問「自分自身の理想的な死のむかえ方について、よく考えるほうだと思いますか。あまり考えないほうだと思いますか」への答は、「よく考えるほう」二一パーセント、「あまり考えないほう」七四パーセントとなっている。

最後に欧米の死生学と関連が深いホスピスに関わる項目を見ておこう。「治る見込みのない末期がんなどの患者に対し、苦痛の緩和や、心のケアなどをする施設を『ホスピス』と呼びます。『ホスピス』にどの程度関心がありますか」。「大いに関心がある」二二パーセント、「ある程度関心がある」四八パーセント、「あまり関心はない」二三パーセント、「まったく関心がない」四パーセントだ。次の質問「末期がんなどの病気になった場合、『ホスピス』に入りたいですか。そうは思いませんか」に対しては、「『ホスピス』に入りたい」四四パーセント、「そうは思わない」四六パーセントだ。実際にホスピスケアを受ける人の数に比べて、相当に高いので少し驚くほどだ。

死生観言説への需要

こうした世論調査の結果を見ても、現代日本人の間に死について、また死生観についてかなり高い関心があることが分かる。死について、またどのように死んでいくのかについて考えたい、あるいは考えざるをえない人が高い割合を占める。死生観に関わる言説に関心をもつのはそのうちのどれほどか分からないが、いずれにしろ「死生観を読む」人は相当数に上るはずである。

さて、それではこのような死生観への関心はまったく新しいものなのだろうか。豊かになって長寿が増えた。高齢化が進み、がんで死ぬ人が増え、死期を知ることができる人、死ぬまでにたっぷり時間がある人が増えてからのことなのだろうか。もちろんこの要因は重要だ。死生観に関心をもつ人のすそ野が広がった大きな理由はここにある。

だが、死生観への関心の高さは、どうもそれだけでは説明しきれない。実際、日本では、高齢化時代となりがんによる死が注目されるかなり以前から死生観という用語が頻繁に用いられてきた。規模は小さいにしろ長らく死生観に関心をもち、この語に託して、死に思いをはせ、自らの考えをまとめておこうとする伝統が形成されてきた。「死生観言説」といってよいほどのまとまりをもった領域が、特定できるのだ。では、それはいつ頃、どのように生み出され、どのように変化して来たのだろうか。まずは、「死生観」という言葉が発明された日露戦争前後に遡って見ていこう。

第2章　死生観という語と死生観言説の始まり

一　死生観という語が優勢になった経緯

戦時期の「死生観」

Death Studies や Thanatology をそのまま日本語に移せば「死学」となるはずだ。ところが七〇年代以降の日本では、「死学」は用いられず、「死生学」が用いられるようになった。また、中国・台湾・韓国のように「生死学」という語が用いられてもよかったはずだ。しかし選ばれたのは「死生学」だった。

そうなった理由を考えると、それまでに「死生観」という語が頻繁に用いられてきたという事実が浮かびあがってくる。「死生観」について度々論じてきた経験があり、「死生学」の語が耳に入りやすかったのだと推察できる。もっとも「死生観」とならんで「生死観」という語もある程度、用いられていた。

この二つの語は戦時期（アジア太平洋戦争期）にはともにほぼ同様の語義をもったものとして、好んで用いられた。試みに戦火が激しさを増す一九四三年に、神道史研究者である西田長男の編集により刊行された『日本精神と生死観』という書物を見よう（有精堂出版部）。一〇人の執筆者のうち、九人がその論考の表題に「死生」または「生死」の語を用いており、「死生」や「死生観」が三人、「生死」や「生死観」が六人である。多くの日本人兵士が戦地にたおれている事態を踏まえて（アジアの民の死には視野を及ぼさずに）、国民に死への覚悟を促す書物と言ってよいだろう。

意図的に「生死」の語を選んで用いているのは鈴木大拙である。大拙は「日本人間における生死観の発展」にふれているが、そこでは神道に対して仏教を重んじる姿勢がはっきりしている。とりわけ日本仏教の独自な諸宗派が成立した鎌倉時代の仏教を優位に立たせようとする意図が見え、そうした意図のもとに「生死観」の語が用いられている。

「生死と云ふ言葉が宗教的意味に用ゐられたのは印度が始まりだが、生死の二字はつまり代表的である。この二字で単に物理学的及び生理学的変化を意味するだけでなく、もつと広い意味で、宗教意識喚起の契機となる人生の経験事象をすべて云ふのである」と大拙は述べている。つまり「生死」の語には、「個人的に苦楽の問題、地獄・極楽の思想、浄穢の観念、業《ごう》・神・悪・悲《カルナー》・愛《アガペ》・永遠の生など」の観念がすべて含まれている。ところが、その意味での「生死」を鎌倉時代までの日本人は深く考えていなかった。大拙はこのように、鎌倉時代以前の仏教を含めた日本の思想にたいへん低い評価を与えている。

大拙の「生死観」と「日本的霊性」

鎌倉時代以降、深い宗教的体験がもたれるようになり、それに応じた思索が加えられて初めて生死の自覚が生まれる。知的にも情意的にも心の奥底に「動くもの」がある。それは「大悲」により動くものであり、また「般若」（知恵）でもある。それは禅と浄土教に結晶していく。

日本人は鎌倉時代で始めて否定の論理を経験し、動く般若の道に初一歩を踏みだしたのである。日本人の生死観はここで宗教的性格を帯びて来る。宗教的性格を持たない生死観は人間の歴史に何等の価値を有しないのである。（中略）

日本人のもつ生死観は、それ故に、鎌倉時代で出来上つた。動く般若は二つの方向を取つた、一つは庶民階級を通して行き、今一つは武士階級に浸み込んだ。武士的生死観と庶民的生死観と—これで日本人の生死観即ち宗教意識なるものは尽きて居ると云つてよい。

武士的生死観を代表する句として、大拙は戦い合って討つものも討たれるものも、どちらも露のようなものであり、雷のようなものである。そう思い澄ませ——「討つものも討たるるものも諸共に／如露亦如電、応作如是観。」という句をあげる。また、庶民的生死観を代表するものとして、「あみだぶ（阿弥陀仏）と喚べば答へて御仏は／まくらの上に現はれにけり。」という句を

あげる。(「／」は島薗が付したもので、原文の改行箇所を示している)

武士の方は勝負のとき無我の境地になって生死の境をともに超えてしまう、庶民の方は念仏によって直ちに阿弥陀仏に迎え取られるような境地になるというような意味だろう。大拙の著として名高い『日本的霊性』(大東出版社)が執筆・刊行されるのは一九四四年のことだから、この文章は『日本的霊性』が書かれる直前の段階での大拙の思考を反映したものだ。大拙は戦時中の死の覚悟に関わる事柄として「生死」や「生死観」の語をとらえ、それを「日本的霊性」の核心に関わるものと見ていた。

死の覚悟に関わるような用語として「生死観」が用いられるのは戦時期、とくにその末期の特徴だが、この時期には仏教に力点が置かれているかどうかは別として、「生死観」の語と「死生観」の語がほぼ等しい語義で用いられていた。

「死生観」「生死観」の戦前・戦後

このような併用は戦後にも持ち越される。たとえば、後述する『戦艦大和ノ最期』(一九四六年)の著者、吉田満の絶筆となった一文を収めた書物はその文の題を取り『戦中派の死生観』(文藝春秋、一九八〇年)と名づけられたし、リフトンや加藤周一らの共著の日本語版は『日本人の死生観』と題された(上・下、ロバート・リフトン、マイケル・ライシュ、加藤周一著、岩波新書、一九七七年)。一方、宗教学者の岸本英夫は「生死観の類型」や「現代人の生死観」について論じ(『死を見つめる心』講談社、一九六四年、脇本平也・柳川啓一編『岸本英夫集 第六巻 生と死』渓声社、一九七六年)、神道学者の安蘇谷正彦は『神道の生死観』(副題は「神道思想と『死』の問題」、ぺりかん社、一九八九年)について論じている。これらの論者は「死生観」と「生死観」の語の使い分けに、それほどこだわってはいない。そもそも「生死観」は「しょうじかん」と読むのか「せいしかん」と読むのかも明瞭でないことが多い。

しかしアジア太平洋戦争の戦時期以前は、「生死観」の語がそのような意味で用いられることはあまりなかった。「死にどう向き合うか」とか「死後についてどのような考え方をとるのか」というような問題に取り組むときは、「死生観」の語を用いるのがふつうであり、「生死観」の語を用いることは少なかった。たとえば、一九二二年に刊行された長谷岡唯見《はせおかゆいけん》の『生死及来世の哲学』(日本禅書刊行会)は浄土真宗の立場から「死にどう向き合うか」とか「死後についてどのような考え方をとるのか」といった問題に答えようとしたもので、本文中には「生死」の語が頻出する。

全体我々は生死を離れるとか、生死から脱するとかいふと、すぐに何んだか神秘的な世界を連想して、その世界に到らなければ実現できないことのやうに思つてしまつて、我々には不必要論なり卓上の空論なりと片附けてしまふ悪癖があつて困ります。併しそれも無理ならんことで、この肉体を持ってをる限りにはどうしたつて死なずにすまないのですから……。併し、いま仮りに支那の誰かのやうに不老不死の霊薬を探し廻つて、万ケ一にも探しあてたならば死なずにをれるかも知れません。（中略）マアさういふことはどうでもよいとしておいて、いま仮りに、我々が何等かの方法によつて死を脱《のが》れることが出来たとしても、亦できるとしても、モウ一つの生から脱《のが》れることは一寸むづかしいやうに思はれます。

「死」を問題にするというが、「死」を逃れたとしても「生」という問題が厳然としてある。「死」と「生」の双方を問わなくては意味がない。「生死」の両方からすっかり逃れてしまうことはできないからだ。ところが、「釈尊は此肉身があればこそ生死から離れることができるのであると云はれるのだから面白い。何んだか耳をつまんで鼻をかむやうな話ですが、茲が仏教の味ひのあるところであり、有難いところであります。」これは死だけにこだわらないで、仏教の全体を学びなさいという教えだ。

「総論」のさわりだが、ここには「死生」の語は一度も登場しない。にもかかわらず、この総論は「死生観を論じて来世の真義に及ぶ」と題されているのである。

仏教徒にとっての「生死」

「死にどう向き合うか」とか「死後についてどのような考え方をとるのか」というような問題に取り組むとき、仏教徒は「生死観」の語を用いるのを好まなかった。「生死《しようじ》」というなじみ深い仏教用語を用いながら、あえて「死生観」の語を用いたのがこの例である。

このように仏教徒が「生死観」の語を用いなかったわけを理解するのはそれほど難しいことではない。「生死」は「出離生死」「生死即涅槃」のように仏教の教えの根幹に関わる用語であり、しかもその意味は仏教の根幹に関わるだけに必ずしも理解しやすいものではない。また、「小乗」と「大乗」で理解が異なる事柄の核心にも関わっている。「生死観」という語を用いたら、直ちにそうした問題を正面から解説しなくてはならなくなるが、そうした仏教教理の解説と「死にどう向き合うか」とか「死後についてどのような考え方をとるのか」といった問題（「死生問題」）はストレートに結びつくわけではない。長谷岡唯見は死生問題を入り口にして、その扱いが難しい仏教の「生死」概念を解きほぐそうとしているのだが、必ずしも平明でなめらかな論述とは言えないようだ。

仏教用語としての「生死」はサンスクリット語の jāti-maraṇa, saṃsāra などの訳語として用いられてきたもので、「生まれることと死ぬこと。また、いのちあるものが、生まれることと死を繰り返すことをも意味し、〈輪廻《りんね》〉と同義にも用いられる。それ故、〈生死輪廻〉〈生死流転〉などという表現も仏典には散見される」（中村元他編『岩波仏教辞典』第二版、二〇〇二年）。煩悩や無明のなかで無限に繰り返される無方向的な生滅のプロセスを言い、そこに苦の根本原因があるとされる。したがって、「出離生死」すなわち生死の連続からの解放こそが人間にとっての至高の目標であり、仏教が教える真理の核心である。生死による苦を超克することによって涅槃に達することこそ、あらゆる関心に先立つプライオリティをもつ問題なのだ。

「生死」教説ではなく「死生観」に関心

ところが大乗仏教において、「生死」の意味は大きく転回し、そこから「生死即涅槃」という新たな核心的教説が生じてくる。中観派《ちゅうがんは》によって確立された「空」の教説においては、「生死輪廻する迷いの生存は、究極的には無自性《むじしょう》で空なるものと考えられた。生死と涅槃を実体のある別物と考えるのは、実は我々の分別作用のなせるわざに過ぎず、そのような概念的分別を離れた究極の立場から見れば、生死輪廻と涅槃には差別が存在しない」（同前）。「生死流転する存在は堅固な実体ではない」ので、そのままで苦しみから脱した「涅槃」の状態だという逆説的な教説だ。では、そもそも「涅槃とは何か」が問い返され、そこからあらためてさまざまな大乗仏教の教説が展開されていくことになる。だが、その際、「死にどう向き合うか」とか「死後についてどのような考え方をとるのか」といった問題に近づいていくとは限らない。

このように考えると、戦時期に至るまで、「生死観」という語があまり用いられなかった理由が納得できる。実際、一九〇四年に刊行された加藤咄堂《とつどう》の『死生観』（井冽堂）以来、もっぱら「死生観」の語が使用され定着する時期がしばらく続いた。「生死」の語を用いると仏教独自の教説の世界に深く引き込まれて行かざるをえなくなる。だが、人々が関心をもったのは、そのような仏教教説の世界ではなく、「死」をめぐる新たな言説・考察領域だった。

そうした言説・考察領域を指し示すにはとりあえず「死生観」の語の方が適切に思えたのだ。そして、戦時中から戦後にかけての「死生観」「生死観」の用法は、一九〇四年以来の「死生観」の用法を引き継いでいく。読み方としても仏教的な意義を喚起する「しょうじかん」ではなく、「しせいかん」の言い換えとして受けとられがちな「せいしかん」が用いられる機会が増えたと思われる。

では、その「死生観」の語が意味するものは何だったのだろうか。この語の導入者であり、その後の「死生観」叙述に大きな影響を与えたと思われる加藤咄堂という人物とその論述を振り返ることにしよう。

二　加藤咄堂の武士道的死生観

仏教の著述と修養の講演

まずは仏教の著述によって知られ、後には国民教化の講演説教者として著名になった加藤咄堂

（一八七〇―一九四九）は、またきわめて多産な著述家でもあった。その咄堂の著述の中に、「死生」の文字を含んだものがいくつかある。一九〇四年の『死生観』（井洌堂）、一九〇五年の『増補死生観』（同前）、一九〇八年の『大死生観』（山中井洌堂、積文社、柳原書店）、一九三二年の『死生問題』（丙午出版社）、三八年の『死生禅』（磯部甲陽堂）である。このうち、『死生問題』は『大死生観』と同じものの再刊であり、『死生禅』は清泉芳厳《せいせんほうがん》との共著。「死生観」叙述の歴史をたどるこの稿の関心からは、最初の二著がとりわけ重要なものだ。そのうち『大死生観』は『死生観』の内容を五倍に増幅したもので、死生観をめぐる宗教思想百科事典的な趣がある。現在用いても役立つが、主要な論旨はむしろ『死生観』の方に明瞭に示されている。

加藤咄堂の最初の著作は『大聖釈迦』（一八九一年）であり、その後、『仏教概論』『日本仏教史』『大乗仏教大綱』などの書物を次々に刊行している。一八九二年には代表的な通仏教メディアである『明教新誌』の主筆に迎えられた。後には『碧巌録大講座』（全一五巻、一九三九―四〇年）といった著作もある。『近代日本哲学思想家辞典』は咄堂を「仏教家」としているし、常光浩然《こうねん》の『明治の仏教者』（上・下、春秋社、一九六八、六九年）も明治全体で五八人、明治後期で二八人の「仏教者」の中の一人として咄堂を取り上げ、その生涯をたどっている。

「加藤咄堂」の項の冒頭にある写真にそえたキャプション風のまとめの一節で、常光《つねみつ》は咄堂を「高級武士の子で仏教には何のかかわりもない人であったが、その一生は立派な居士として日夜仏教の大衆化に尽くした功績は大きい」と顕彰している。だが、咄堂はどこまで自分を仏教徒と見なしていたか、時期をおって調べてみないと確かなことは言いにくい。むしろ修養を説く教化運動家というのが、主要な自己規定だったのではないか。一九四一年の『加藤咄堂選集』(潮文閣)の「自序」は「明治より昭和へ、七十有余年、其の間に生を生け《ママ》、修養を語り、文化を説いて五十年」と書き始められている。

学問ある武士の子の歩み

咄堂(熊一郎)は丹波亀岡の格式高い武家の出身だったが、父は大阪に出て「士族の商法」で失敗し、裏長屋住まいにまで落ちぶれたという。父は教育熱心だったようで自ら息子を教え、咄堂は京都で小学校を卒業した後、学問を志すが、うまくいかなかった。そこで代用教員を務めたあと語学学校や法律学校で学び、二一歳のとき築地本願寺の積徳教校で教える機会を得、以後、仏教との関わりを深めていく。またたく間に仏教の大要を理解し、仏教関係の講演や著述や編集で暮らしが成り立つようになった。じきに大内青巒《せいらん》ら多くの仏教家が咄堂の才を高く評価するようになり、聖徳太子を讃える上宮教会の講師に、やがて副会長となった。また、曹洞宗大学(後の駒沢大学)や東洋大学で教えたり、宗教新聞『中外日報』の主筆を務めるに至った。

しかし、咄堂の「教化」は仏教の枠内にとどまるものではなかった。一九二四年には、前年の「国民精神作興に関する詔書」を受けて結成された教化団体連合会の理事に選ばれ、国民教化運動のリーダーとして政界の中枢から篤い信頼を寄せられる。その知的関心は「修養」や精神文化に関わる広い範囲にわたり、一九一九年には一年の講演回数が二三〇回に及んだという（常光『明治の仏教者』）。だが、その「修養」「教化」の精神史的な根はそれほどわかりにくいものではない。

咄堂自身は自己の知的素養を、『加藤咄堂選集』の「自序」で次のように振り返っている。「幼時、父に儒典を学びし身も、時代の変転は予を促して洋学に親炙せしめ、業を英吉利法律学校に受けしも、泰西模倣の時代の趨勢に慨然たるものあり、幼時の儒学勃然として心に萌し、東洋研究の結果は、仏典に及び、研鑽漸く進みて、幽玄の旨、我が興趣をそゝり」——儒学から洋学へ、洋学から仏教へと敏速に勉学領域を移してきたさまがうかがわれる。だが、その後、落ち着きどころをえることになる。教育勅語だ。

明治二十三年、教育勅語の渙発せらるゝや、聖旨を宣伝して国民に徹底せしむるは此時なりとの　先師大内青巒居士の激励に蹶起して以来、身を全く社会教化に投じてより、筆にし口にするもの、之れに遵拠せざるなく、時に経書を講じ、時に世態を説くも、其の帰趣する所、一にこれに志して、青衿《せいしん》より白髪に及んだのである。

当時の仏教界のリーダー、大内青巒の影響を受け、教育勅語に則った修養講演者としてひたすら「社会教化」の道を歩むようになったという。

武士道への共鳴

仏教界にふれたことから、一般在家者向けの「居士」説教講演者という役柄を見いだした。だが、やがて仏教という枠を超え、もともとの武士的儒教的素養と天皇崇敬が顕著になっていったようだ。『死生観』が刊行された一九〇四年に、咄堂は他にも『運命観』『女性観』といった書物を著している。序と跋文は『死生観』が村上専精《せんしょう》・大内青巒、『運命観』が前田慧雲《えうん》・南条文雄、『女性観』が井上円了・島地黙雷と当時の仏教界の知的実力者が名を連ねているが、その著述の内容は必ずしも仏教教理に即したものではない。

『死生観』においてこれは明瞭に表れており、むしろ哲学を中心とした西洋の学問史上の人物とともに、武士道や陽明学の系統の思想家や行動者が重要な位置を占めている。だが、この書物が世界の諸宗教・諸思想の文明史的な比較考察の形をとっていることも興味深い。『死生観』は日本の宗教や思想の比較研究の初期の著作としても取り上げる価値のあるものだ。

これから主に『死生観』により、時に『大死生観』を参照しながら、加藤咄堂の死生観研究を紹介していこう。『死生観』は次の五章からなっている。

第一章　死生観の変遷
第二章　武士道と死生観
第三章　古聖の死生観

第四章　近世の死生観
第五章　死生問題の解決

第四章までは、客観的な叙述を行い、第五章において自らの信念を示すという構成になっている。しかし、実は全巻を通じてある死生観を是とする立場から、それとの比較によって、他の諸宗教・諸思想の特徴がとらえられている。全巻を通じて、「現代日本人は死にどう向き合って生きていくべきなのか」という問いのもとに叙述が進められているからだ。

「死生問題」とは何か？

第一章の書き出しを見よう。「生あり死あり、其間五十年、名《なづ》けて人生と為す、人は唯だ此蜉蝣の如き生存を以て満足すべきか」。人生は短い。だが、人類の歴史は長い。「上下茫々数千歳、生ずるもの限りなく死するものも亦限りなし」。その人類共通の問いがある。「生す《ママ》るもの必らず死して、死するもの必らず生ずるか、生ずるもの丶必らず死するはこれを目睹すべきも、死するもの丶生ずるは知り得べきの限りにあらず」。これが「死生の問題」だ。「此に於て死生の問題は永久の疑団として吾人の前に横はれり、吾人はこれを単なる疑団として放擲すべきか」（『増補死生観』）

咄堂はこの「死生問題」を宗教と関わるものだと理解している。科学や哲学による探究の及ばない問題が問われており、そこは宗教の領分とされてきた。だが、その宗教も頼りにならないと言う。咄堂は死後に霊魂が実在し続けるという考えは原始人以来のものだが、発達した科学を学ぶ現代人が受け入れることができない、過去の死生観だと見ている。宗教にこそ科学や哲学では扱えない領域が委ねられるが、少なくとも宗教のこの「神秘主義」の側面は否定されなければならない。『大死生観』の叙述によろう。

「死生は人生の根本問題にして一切の科学一切の哲学は基礎を其上に築き、一切の宗教一切の道徳は根底を其上に置く」。試みに生の起原を探ってみよう。諸科学がこれに関与する。「人身生理を究め人類学に質し、進んで生物進化の順路を遡りて其始源に及び、宇宙開発の源に到りて天文地文の学に」問うことになる、だが、「更らに其由来する所を究めんとするには、勢ひ科学の領域を脱して哲学の範囲に入り、宇宙人生の根本に向て思索を運《めぐ》らさざるべからず」。死んでどうなるかという問いに出会えば、「科学は唯だ死の状態を示すに止り、哲学の思索も僅に仮定の理論を説くに過ぎずして、これを明確にするに至ては依然宗教の領土たり」。だがかといって「宗教の説く所、もと理智の判断を超越するが故に其所説区々にして帰向する所を一にせず」。

咄堂は科学はもちろん、多くの哲学説や宗教の教理によっても、死生問題に向き合う現代人に、納得のいく答は見いだせないと考えている。古代的な霊魂不滅や転生の観念にも従うことはできない。だが、依拠できる確かな死生観のありかが日本の伝統やある種の哲学・宗教にはあるという。とくに日本の伝統が頼りになるものだとされている。

こうして『死生観』は直ちに本題に入っていく。「大和民族の死生観」から武士道へと話が進んでいく。とりわけ平安後期に台頭してくる武士の死生観にふれた部分から、咄堂がすぐれていると考える論述が取り上げられていく。そこでは「大和民族の先天的な死生観」が見事に形象化されるに至っているという。たとえば、屋島の合戦で源義経を守るために身をもって敵の矢を受けて斃れた佐藤継信《つぐのぶ》のような人物が体現する死生観である。

「身敵箭《てきせん》に斃れて莞爾として更に恨にあらずといふ、これ豈《あ》に大和民族が先天的に有せる死生観にあらずや」。佐藤継信は死後の世界で報われると考えていたわけではないし、輪廻転生を信じたから静かに死を受け入れたのでもない。「唯だ主従の義かくあるべきなり。と信じたるなり」。「主君の為めに死すこれ彼が唯一の目的なりしなり」。(『増補死生観』)

こうした武士道の精神は禅宗、浄土諸宗、日蓮宗によっても明確にされていったという。こうして来世をあてにするような死生観ではなく、宇宙的な実在に帰一することで、泰然自若として死につくというような死生観が目立ってくる。「皆な死を以て天地の大霊に帰するが如くに感じ、迷妄懦弱《だじゃく》の観のこれに加はらざることこれなり」(同)。大和民族の死生観はこの点で一貫しており、たとえば禅的な表現をとった武士の精神の中で、それが具体化してきたと論じられる。

咄堂は続いて時代を下りながら「武士の死生観」の変遷を解説し、第二章に入る。「武士道と死生観」と題された第二章は江戸時代の死生観を扱っているが（咄堂はこの時期以前については「武士道」の語は用いないという立場をとっている）、ここここそ『死生観』の中心的な叙述がなされる箇所と言ってよい。咄堂がもっとも共鳴する人物の死生観はここで取り上げられている。焦点を当てられているのは、山鹿素行、白隠禅師、大塩中斎（平八郎）、吉田松陰の四人である。武士道・禅・陽明学の系譜の人々であり、儒教・仏教の伝統の中で見ると、思弁よりも実践を重んじる好みが見てとれる。大塩中斎についての叙述を見よう。

大塩は自ら死を覚悟して民の苦痛を救おうとした。このように死を恐れず、そのことによる動揺がまったくないのは、「不生不滅の本体」としての「太虚」を信ずる死生観をもっていたからだ。究極の道徳的価値としての「仁」の源泉でもあるこの宇宙の本体、すなわち「太虚」において「生死」は一つである。自らの心をこの「太虚」、あるいは「天地」に同一化させる（「心太虚に帰す」）ことが大塩の死生観だった。大塩はこの境地を次のように述べている。「聖賢は則ち独り天地を視て無窮となすのみならず、吾れを視ては以て天地と為す。故に身の死するを恨みずして心の死するを恨む、心死せざれば則ち天地と無窮を争ふ」。心が澄んで天地と一体であれば、身体の死は恨み悲しむほどのことではない。このような死生観を実践し、文字どおり死を恐れることなく行動したところに大塩の面目があるが、それは「知行合一」を掲げる陽明学の学風を反映しているという。

三　死生観はなぜ必要か？

死生観が求められる理由

第三章の「古聖の死生観」では、釈迦、キリスト、孔子・老子（道家）、ソクラテスの死生観が論じられている。天国・地獄に永生を見るキリスト、天命を知ることを説く孔子、虚無自然を道とし死生にこだわらない老荘・列子、生死を一体と見ながら霊魂の不滅を信じたソクラテスに対しては一定の賛辞を送りつつも、現代人にとってのもの足りなさを見ているが、釈迦に対してはそこに究極の死生観が語られているとする。とりわけ、大乗仏教の「宇宙精神」を根本実在ととらえる見方が「近世哲学」の「現象即実在」説（井上哲次郎が好んで用いた用語であるが、当時の最新の哲学の到達点と見なされていた）と合致し、そこに咄堂が賛同できる死生観があることが示される。

「三界を了達するに心によってあり、十二因縁復《ま》た然り、生死皆な心に由りて作《な》す所、心若《も》し滅すれば生死尽く」（華厳経）――欲界・色界・無色界の三界、すなわち全宇宙だが、すべて「心」があるからこそ存在する。華厳経はこう述べて、「宇宙の実相を真如と生滅の二門に分ち、前者を以て不生不滅の本体とし其本体の上に生滅の波瀾を起すものを宇宙の現象」とする。「真如」という「生滅」「生死」を超えた永遠の実在が堅固な本体だが、その上で揺れ動く波に心を奪われている。そのことを悟り「真如」に目を向ければ、大安心が得られる。そしてそれは現代西洋哲学が「現象即実在」という理論で言わんとするところでもある――こう述べていく。

第四章は「近世哲学」と科学を取り上げているが、前者では一神論から汎神論への趨勢があるとし、スピノザ、ライプニッツ、カント、ヘーゲル、スペンサーの中に「現象即実在」論へと展開していくプロセスを見ようとしている。後者では機械論の限界が取り上げられ、死生の問題や倫理道徳の基礎は科学によっては解明しえないが故に、宇宙論や人生論は哲学や宗教に委ねられざるをえないとする。そこから心霊現象に注目するような「神秘主義」のような反動も出てくる。だが、その背後には「死生問題」という「永久の疑団」が横たわっている、という。

第五章では「死生問題」への応答としてあるべき死生観の要点が整理され、自らの立場を明らかにしていく。咄堂は霊魂の存続説をとらないが、それは理にかなわないとともに、自己の幸福に拘泥しているという利己主義に通じ、「英雄傑士」の死生観とは合致しないという。では、生命は自己の身体限りのものかというとそうではなく、生命は永久である。

死生は宇宙の幻影のみ、一波退きて一波来る、生何の望む所ぞ、死何の厭ふ所ぞ、古来生死に透脱せる偉人が白刃の下、莞爾として頭を伸ぶるは此観あるが為めにあらずや。物質の不滅、勢力（エネルギー――島薗註）の恒存は已《すで》に云ひぬ、これを生物学者の言に徴するも、生命は永遠に不死なり、父は子に子は孫に、孫は曽孫に、曽孫は玄孫に綿々相伝へて終に断えず（後略）

エネルギー恒存の法則や生命の世代伝達ということに加えて、さらに生命は「社会的に永久」でもある。「古英雄」は自らが死んで、その志が後続の者たちに生きていくと信じていた。「吾人の一言一行の微も当《まさ》に全社会に普及し其印象は永く社会生命として止るべし」。だが、「一言一行が……永遠に不朽」だというのは、社会的次元のことにとどまらない。「全宇宙に通じて無限に影響すべき」ものだからである。ここには進化論的なニュアンスが込められることもある。「宇宙は真善美に向て進みぬ、我が社会をしてこれに近づかしめんとするこれ人生の職務なり」。だが、もっと端的な表現は「死生一如の理」ということである。そのような宇宙の本体と一体となるということである。

「生死は幻影のみ、悠久なる旅行の一路程のみ」日々なすべきことをなし、よいと思うことをよいと言っていれば何を不安に思うことがあろうか。「古の英雄傑士、聖者仁人は、皆な心をこゝに注いで、死生に自在を得ぬ」。われわれももし修養をしっかり積んでこうした境地に近づいていくなら、いのちの危機に面しても「寂然不動」、「人生の妙趣を味ふて、日々是れ好日、天地長《とこし》へに春なるを得む」。

死生問題への答えとは

以上、『死生観』の概略を述べてきたが、そこでは「死生問題」への最終的な解答があると考えられ、それはいくつかの思想的立場が一致するところに見いだされるものとされている。仏教の文脈では、大乗仏教の「生死即涅槃」の立場、とくにそこに真如や実相とよばれるような永遠の「宇宙の実体」を想定する立場がよしとされている。また、日本の思想的伝統の至り着いた地点として、実践的な武士道の「英雄傑士」の言説と行動が引かれている。さらに西洋の「近世哲学」の動向が「現象即実在」論の方向をたどってきたと見て、「死生問題」への応答もその延長線上に見いだされるとしている。

このように見てくると、咄堂が仏教の教化者と見なされたのも当然とされようが、それと並んで武士道や陽明学への共鳴があり、仏教教理は武士道や陽明学に合致するような方向でこなされていったものと見なすこともできよう。初めにもふれたように仏教徒にとってなじみ深い用語は「生死《しょうじ》」である。しかし、咄堂の『死生観』には「生死」の語よりも「死生」の語の方が頻繁に用いられている。この書物が『死生観』と名づけられたのも、咄堂の「死生」の語へのなじみによるところが大きいだろう。そしてそれは咄堂の儒教や武士道との親しみを考慮しなければ理解できない。

「死生」の語は、論語（顔淵篇）に「死生命あり、富貴天にあり」（「死ぬも生きるもさだめあり、富みも尊《たっと》さもままならぬ」の意〈金谷治による訳。『論語』岩波文庫、一九六三年〉の一節があるように、漢文学ではふつうに使われる語であり、江戸時代に儒学的素養が浸透したことで日本語に定着したものであろう。『死生観』の叙述にも「死生に処する」、「死生の巷に立つ」などの慣用的な表現がしばしば見える。「死生」の語は現世のある種の政治的道徳的秩序に第一義的な関心を置く儒教や武士道になじみが深い語とみなしてよいだろう。咄堂は確かに「死生問題」に正面から取り組んでいるが、それはまた「修養」についての関心から導かれたものとも言える。

修養に役立つ死生観

試みに一九〇一年に著された『修養清話』を瞥見してみよう。その冒頭に「修養」の定義ともいうべきものが示されている。「心ほど怪しきものはない、心をして其往く所に往かしめ、其欲するまゝに行はしめて見よ、妄念は頻りに起り、悲喜交《こもご》も生じて、少しも安まる所はない」。では、どのように心を安定させるか。「此心を一所《ひとゝころ》に安立せしめ、何物か来るとも少しも騒《ママ》かず、如何なる事が生じても少しも驚かず、寂然不動の地位に置いたならば、何をか悲み、何をか喜ばむだ」。喜怒哀楽を超えた次元に心を落ち着かせることができるだろう。そうすれば「山いよ〳〵高くして谷いよ〳〵深く、迫害ます〳〵多くして意気ます〳〵盛なりだ、心を此の地位に置くのが精神修養の必要なる所である」。

不動の心を養う。この「修養」の要諦が「生死を達観する」ということだ。「禍福《くわふく》とか毀誉《きよ》とか苦楽《くらく》とかさま〳〵のことがあるが、皆なこれ生死の中のことだ、人生の始めといへば先づ生だ、終りといへば死だ、此始終を通覧し、此生死を達観し見よ、生といふのも一時、死といふのも一時だ」。死生を超越する境地に立てば、すべては静かな大海の上のわずかな波立ちにすぎない。

寄せては返す大海の波、波が来ればとて大海の水は一滴も増さず、波が返したからとて大海の水は一滴も減じはせぬ、不増不滅の大海に生死の波を立つ、生何かあらむ、死何かあらむ、波が寄せたからとて何の喜ぶべきこともなく、波が返したからとて何の悲むべきもない、生死元来大海の波、白刃よし頭上に下るとも電光影裏に春風を斬るやうなものだ、

現世で安心立命し、りっぱな人物として生きる。そのために心を養うという要請がまずあり、

それに役立つこととして「生死を超える」という課題が設定されている。儒教の立場からは個の実践性を尊びながら現世の彼方を垣間見ようとする姿勢であり、仏教の立場からは取り組みやすい悟りの境地を土台として処世の要請に応じる現世主義的な姿勢をとったものと言える。

このような境地は、科学の影響の下でひたすら現世の事物や人間関係に知性を向けながらも、なお心のよりどころを求めて哲学や宗教に向かわざるをえない現代人のニーズにかなっている。そしてそれは、西洋から流入してくる「近世哲学」の最新の課題にも答えることができる内容をもち、来るべき宗教の刷新を先取りするものとも考えられた。「修養」の潮流を引き継ぎつつ、「死生観」の語が登場したのは、このような時代の課題に応じてのことだった。

四　死生観論述の時代背景

修養の時代

では、こうした咄堂の試みはどのような学問や言説の時代的背景の下で生み出されたのだろうか。「死生観」論述が形成される背景には、まず「修養」言説の興隆があった。咄堂は『死生観』以前に、すでに『修養清話』『婦女の修養』などの著書がある。立身出世や受験の社会史の研究で知られる教育社会学者の竹内洋が、国会図書館の所蔵図書目録から作成した表によると、「修養」を主題、または副題にした書物は、一八九九年、一九〇〇年には一年に一点ずつしかなく、その後一九〇五年までは五点以下だが、その後急に増大し、一九〇七（明治四〇）年には三〇点近くに及んでいる（竹内洋『選抜社会――試験・昇進をめぐる〈加熱〉と〈冷却〉』リクルート出版、一九八八年）。ベストセラーとなった新渡戸稲造の『修養』は一九一一年の刊行だが、竹内は「修養読本は……明治三十年代に台頭し、四十年代には大きな潮流となってくる」という。

一九〇〇年代（明治三三―四二年）に登場した修養主義的な運動には、清沢満之《まんし》の『精神界』（創刊一九〇一年）、伊藤証信の無我苑（一九〇五年設立）、西田天香の一燈園（一九〇五年設立）、蓮沼門三の修養団（一九〇六年設立）、松村介石の日本教会（一九〇七年設立、後の道会）などの運動がある。岡田虎二郎が修養のための静坐法を広めるのもこの頃であり、山本滝之助、田沢義鋪《よしはる》らによって育成された青年団もやがて修養運動の一大勢力となる。これらの集団の思想的背景はさまざまだが、いずれも修養に関わる集団として理解されるような時代背景があった。それは、修養書の流行という事態と関わっている。咄堂は修養主義運動の流行の当初から修養書のジャンルで活躍し、常に修養書の著者として知られた人物だった。

では、「修養」とは何か。修養主義で説かれた事柄の多くは、それまでも説かれてきたことだった。修養主義とその後に来る教養主義を対比して論じた歴史社会学者の筒井清忠も、次のように述べている（『日本型「教養」の運命――歴史社会学的考察』岩波書店、一九九五年）。

修養主義的な社会意識は江戸時代にすでに萌芽形態があったと考えることができよう。庶民レベルでは、二宮尊徳の報徳社や石田梅岩の石門心学の中に修養主義的な内容が盛られていたし、江戸期の寺子屋での教化内容や各種の新宗教にもそうした傾向は強く存在していたといえよう。

しかし、「修養主義」の成立の時期を確定するということになると、それは「修養」という用語・観念が新しいものとして登場し、国民の比較的広い層に社会意識として受容され始めた時期に求められるべきであろう。それは明治三〇～四〇年代の時期なのであった。

修養によるアイデンティティの諸様態

修養主義の萌芽ということでは、ここにあげられた民衆運動だけでなく、儒学・国学の言説や仏教の説法の中にもそうした内容が含まれており、書物に親しむ人々にとっても身近だった。修養的な実践や言説の諸要素は満ちあふれていた。民衆思想史研究の安丸良夫が江戸時代の前期からこの時期にまで続くものとして、広く「通俗道徳」と名づけたような実践や言説がそれにあたる（安丸良夫『日本の近代化と民衆思想』青木書店、一九七四年）。だが、一九〇〇年代には新たに「修養」という語によって、人々の関心が集まる情勢が生み出されていた。つまり、修養主義とは既存の多系統の道徳的実践や言説を、ある方向へと再編成する過程で生み出されてきたものといえるだろう。

加藤咄堂より少し遅れて、修養書の書き手として活躍するようになった人物に、キリスト教徒で農業経済学者だった新渡戸稲造がいる。加藤にとっても新渡戸にとっても、中国の明朝末期の洪自誠による処世の書、『菜根譚』は役立つ参考書だった。新渡戸の修養についての著述は、主に『実業之日本』に掲載された。『実業之日本』は一八九七年の創刊だから『太陽』に二年遅れ、新渡戸が修養講話を連載し始めたのは、一九〇八年からである。それらは、『修養』(一九一一年)、『世渡りの道』(一九一二年)、『自警録』(一九一六年)などにまとめられる(いずれも実業之日本社)。一高の校長となり、東大の教授ともなった新渡戸の修養書では、西洋の歴史や文化への言及がずっと多く、日本人批判なども多々見いだされるのは咄堂との大きな違いだが、ともに博学であるとともに闊達な語り口をもつ修養の語り手であり書き手であるという共通点があった。

この時代、近代西洋的な学問や歴史にある程度の親しみをもち、新たな社会制度に適用しようとしている人々が、従来親しんできた通俗道徳的な言説の更新を願っていた。そこでは、咄堂の読者の場合のように、教育勅語の図式に従いつつ万世一系の天皇をたたえる日本の「国体」についての親しみ深い言説が求められていた。あるいは新渡戸のように、近代世界の市民であることを目指しながら、もっと控えめに日本の「伝統」に合致した「修養」を定式化していくことも期待されていた。だが、特定の宗教、宗派の枠を超えて「国民」の立場を確認しつつ、日本人として共通の生活規範を提示するという点では相通じていた。そうした言説の受容者層が大規模に生じてきていたのであり、だからこそ「修養」の語が短期間に広がっていったのだ。

武士道が注目された時代相

啀堂の死生観論述では武士道はたいへん重い位置を与えられている。啀堂が武士道に重要な意義を見いだすことがなかったら、『死生観』が書かれることもなかっただろう。日本の知的世界で、その武士道への論及がさかんになされるようになったのも、一九〇〇年前後からのことだ。この時期の武士道についての叙述でよく知られているのは、「修養」でも啀堂に対比できる存在だった新渡戸稲造の『武士道』（*Bushido, The Soul of Japan*）だ。この書物は最初、一八九九年に英語で書かれ、日本語訳が刊行されたのは一九〇八年のことである。

新渡戸は武士道への着眼が独創的なものであると誇っているが、実は当時、多くの論者が武士道に論及していたと論じたのは北米で近代日本文化を講じる太田雄三である（『〈太平洋の橋〉としての新渡戸稲造』みすず書房、一九八六年）。太田はすでに一八九四年の『福音新報』に植村正久が「基督教と武士道」という文章を発表していたこと、また、一八九八年には大日本武術講習会というところから『武士道』という雑誌が、また大日本弘武館創立趣意書を付して三上禮次による『日本武士道』が刊行されていたことを示している。

また、一九〇二年には、『故山岡鉄舟口述、故勝海舟評論、安部正人編纂、武士道』（光融館、一九九九年に再刊、角川ソフィア文庫）が刊行されているが、これは一八八七年の口述に基づくものである。さらに、新渡戸の著述に引き続いて刊行された足立栗園《りつえん》『武士道発達史』（積善館、一九〇一年）は、表題にあるとおり学問的な武士道研究書という点では端緒にあるものだ。以上にあげた諸文献が明治に入って新たに論じられ始めた初期の武士道関連書の主なものである。

なお、太田は石田文四郎の『日本武士道史の体系的研究』（一九四四年）を参照して、武士道という語は戦国時代に用いられ始めた語だが江戸時代には稀にしか用いられなかったことを示している。「武士道」の語は明治期のこの時期に広く用いられる語となった。確かに新渡戸の書物は早い時期のものだが、確かにこの語が流行し定着する上で、新渡戸はそれほど大きな役割を果たしたわけではない。

これらの書物の論調はかならずしも一様ではない。武士道こそ大和魂であり、日本の古代以来、一貫してかわらぬ精神的支柱であると論じる者もあれば、武士の歴史の中で徐々に形成されてきたもので、確固たる形に整えられたのは江戸時代だとするものもある。武士道を国体の観念と不可分のものと見て、天皇への忠節に核心があるとするものが多いが、山岡のように仏教との関連を強調しているものもある。また、新渡戸の著作のように国体論にはふれず、むしろ人類の普遍的な道徳性に通じるものであることを強調しているものもある。

日本倫理思想史の研究者である菅野覚明《かくみょう》はこの時期に興隆した武士道言説が新しいものである

ことを強調している。そもそも「武士道」という言葉が広く用いられるようになったのは明治中期以降のことだ。当時、すでに津田左右吉が批判していたが、そこで語られているのは武士自身の思想ではない。むしろ明治国家の「近代市民」の思想なのである。菅野は、本来の武士の思想と区別するために、これらの言説を「明治武士道」とよんでいる。近代日本の死生観言説の有力な潮流は、この明治武士道と歩調を合わせて登場したと言えるだろう。

新たな倫理性の支柱としての武士道

武士の家に育った者たちが、大日本帝国憲法と教育勅語を柱とする新たな国民国家、日本の精神的秩序の内実を固めていこうとするとき、「武士道」という概念をよりどころとしようとしたわけは理解しやすい。加えて軍備の拡張が進み、日清戦争、日露戦争により「天皇の軍隊」の価値が最大限に称揚されていく時代に、軍隊が代表する天皇への忠誠心に日本の精神的伝統の真髄を見ようとする考え方が興隆した理由もわかりやすい。

さらにまた、この時代のエリートたちが、西洋におけるキリスト教に匹敵するような日本の宗教的道徳的伝統について、欠落感を覚えていたという事態も武士道という語の浮上に貢献しているだろう。これは新渡戸が『武士道』の序の冒頭で率直に述べている事柄である。

約十年前、私はベルギーの法学大家故ド・ラヴレー氏の歓待を受けその許《もと》で数日を過したが、或る日の散歩の際、私どもの話題が宗教の問題に向いた。「あなたのお国の学校には宗教教育はない、とおっしゃるのですか」と、この尊敬すべき教授が質問した。「ありません」と私が答えるや否や、彼は打ち驚いて突然歩を停め、「宗教なし！　どうして道徳教育を授けるのですか」と、繰り返し言ったその声を私は容易に忘れえない。当時この質問は私をまごつかせた。私はこれに即答できなかった。というのは、私が少年時代に学んだ道徳の教えは学校で教えられたのではなかったから。私は、私の正邪善悪の観念を形成している各種の要素の分析を始めてから、これらの観念を私の鼻腔《びこう》に吹きこんだものは武士道であることをようやく見いだしたのである（『武士道』矢内原忠雄訳、岩波文庫、一九三八年）。

新渡戸はキリスト教徒であったが、信仰の不確かさに苦しんだこともあった。やがて今度は、自らが養われた日本の道徳的な伝統の姿が見えないことに悩み、宗教とは別に日本人としての自己の核心にあるものを求めようとした。だが、特定の宗教や思想伝統への帰属感をもたない者が多い日本人の場合、この欠落感はいっそう顕著なものとなろう。明治期のエリート層はかつて彼らの精神的支柱となっていた儒教の伝統に依拠し続けることは困難だと感じていた。天皇への崇敬心を支柱とする国家形成を目指すことになり、西洋文明を取りいれつつも国体論や国家神道（拙著『国家神道と日本人』岩波新書、二〇一〇年）を建前とする国造りにはげまなければならなくなった。だが、それが新時代の精神生活に十分な精神的な支えを与える内実を備えているかどうか疑わしく感じられた。

国体論にも連なる武士道

そこで国体論や国家神道に内実を与える試みがなされていく。「近代日本の神話」（アメリカの近代日本史研究者キャロル・グラックの著書のタイトル）を創り出す試みである。『教育勅語衍義』を執筆し、「国民道徳論」の叙述に取り組んだ井上哲次郎などは新たな神話枠組みを確かな実質をもったものへと発展させていくことの重要性をよく理解した人物だった。そうした系譜に属する学者や論者にとって、この時期、「武士道」の語はその欠落を埋める恰好の枠組みとして浮上してきたようだ。それはまた、国民性を見定めることで精神的なよりどころを確立しようとする「日本人論」の潮流とも合致していた。井上哲次郎も武士道に度々ふれている。井上は足立栗園の『武士道発達史』の序に次のように記している。

武士道は日本民族尚武の気象に淵源せるものにして、一種我邦に特異なるものなり、各個人が特質を有するが如く、各国民も亦特質を有す、今武士道の如きは、日本国民特質の存する所にして、日本国民の国民たる所以のもの、実に武士道にあり、武士道の精神は日本国民の自我其物といふべきなり、

この時期、「修養」は広い階層の国民を受容者として、新たに定式化されようとしていた。一方、「武士道」は軍人やエリート層にとって精神的なよりどころを提供する概念として魅力的だ

った。井上哲次郎や新渡戸稲造や加藤咄堂のように武士の家の出で漢学の素養をもち、その上で洋学を学び、国民国家日本の精神的指導者としての役割を担おうとした人々にとってはとくにそうだった。「修養」も「武士道」もともに、過去の解体の上に生じつつある新しい時代の精神的欠落を埋める有望な精神的資源と見なされたのだ。

国民共通の「修養」と日本独自の「武士道」とを支えとして、国民国家の精神的基盤を確立することが目論まれていた。咄堂による死生観の論述はこのような背景の下で、「修養」や「武士道」の叙述を補強し発展させるような役割を担うものとして企図されたのだ。

宗教・思想の比較研究

「死生観」が宗教に深い関わりをもつことは言うまでもない。咄堂が死生観論述を思い立つに際して、宗教の比較研究が身近なものになっていたという事情があった。咄堂の書物でなされているように、諸宗教や諸文明・諸時代の思想体系を特定の観点から比較しつつ、それぞれを特徴づけるという作業は、宗教学などの比較文化研究による学知と多くの共通点をもっている。咄堂の死生観論述は「死生観」という観点から宗教学（比較宗教論）的、あるいは比較文化論的な比較研究を行ったものと見ることもできるものだ。

そもそも青年期の加藤咄堂は仏教に対して、実践者としてよりも好意的な知的理解者として接近し、わがものとしていった。宗教学者にとって個々の「宗教」とは何ほどか知的に学ぶべき外なる何かであるように、咄堂にとっても仏教は一つの「宗教」だったようだ。咄堂自身が自らの成長途上でたたき込まれた思考法はむしろ儒教にのっとったものであり、中でも大塩中斎や吉田松陰に代表されるような陽明学や武士道的な儒学の系譜だった。

その上、咄堂は洋学も熱心に学んだ時期があった。咄堂は儒学や仏教について詳しく論じることができると同時に、西洋哲学や近代科学についてもある程度の詳細に及ぶ論述を行う力をもっていた。咄堂にとっては、儒教（漢学）、仏教、キリスト教や西洋哲学や近代科学知の世界は自ずから比較の対象とならざるをえない多数ある宗教的・思想的諸伝統のいくつかだったといえる。咄堂は現存する世界の知の諸体系を、「宗教・哲学・科学」よりなるものと見、さらに宗教や哲学は競い合う多様な潮流からなるものと見ていた。

このように知や信念の諸体系の併存から出発しようとする姿勢は、当時の世界で、また日本で形成途上にあった宗教学の姿勢と似ている。東大ではドイツで宗教学に接してきた井上哲次郎が一八九一年から「比較宗教及び東洋哲学」の講義を始めていた。井上自身は彼なりの西洋哲学、東洋哲学の形を整えることに精力を注いだり、国民教化の実践により多くの力を注ぐが、やがて井上の門下の姉崎正治や加藤玄智が本格的な宗教学の研究に乗り出すようになる。アメリカから帰国した岸本能武太と姉崎正治が中心となって日本で最初の宗教学研究会である比較宗教学会を開くのは一八九六年のことである。日本人の研究者の手になる宗教学的な著作の最初のものは、一八九八年に刊行された岸本能武太の『宗教の比較的研究』であり、そのすぐ後、姉崎正治の『宗教学概論』や加藤玄智の『宗教新論』が一九〇〇年に刊行されている。

実存的関心と「修養」

儒教的な素養をもつ加藤咄堂が仏教界を主たる場として著述活動を始めていた頃、学界で宗教学の興隆が見られたことは興味深いことだ。咄堂と同じように、井上哲次郎も分厚い儒教的な素養を得た後に西洋哲学を学び、「東洋哲学」の確立を目指して仏教の研究に向かったことがあった。『死生観』のなかで咄堂が「古聖の死生観」を並列して取り上げるしかたは、宗教学とよく似ている。

しかし、咄堂の死生観論述は宗教学的なそれとはやや異なっている。咄堂の論述は「宗教」を単位としたものというより、個々の人物に向けられている。「古聖」「英雄豪傑」「哲人」等である。そしてその背後には、「死生問題」や「修養」への関心がある。客観性を重んじる宗教学に対して、比較を試みているとはいえ、主観的実存的な関心が表に立っている。その点では西田哲学の系譜の上にやや遅れて発展する「宗教哲学」に近い（石田慶和『日本の宗教哲学』創文社、一九九三年）。「死生問題」という語は浄土真宗の立場から宗教哲学を形作ろうとした清沢満之の著述にも見られるものだ。最終的には特定の価値観を選びとることを促しているのも、それを抑制しようとする傾向が強い主流の宗教学と異なるところである。『死生観』第一章の（一）「人生の大問題」の節の結びの部分を参照しよう。

「嗚呼、死は永久の問題なると共に、亦刻下の問題なり、念一念刻一刻、如何なる時に伏兵の存するあるやを計るべからざる敵軍なり、終には其手に下さるべきことの確定したる強敵なり、備へんと欲して備ふる能はざる大軍なり」。死は人生の最後に会うだけのものではない。日々が死に向き合うことなのだという。「吾人は日常此強敵を受け、此大軍に囲まれつゝ、しかも相知らざるが如く、労働し、休息し欣喜し踴躍す。吾人は日々生きんが為めに働き、歩々死に近づく抑《そもそ》も生きんが為めの活動か、死せんが為めの活動か、これ実に人生の一大問題なり」。だから人はいつも死を意識して生きていくべきだ。「吾人はこれに解決を得て初めて安らけく生存することを得べし」。

この問題に対して科学は冷ややかに「死は身体を組織せる分子の放散のみ」と言う。だが、「吾人はこれによつて毫も安慰を得べからざるなり」。そこで、哲学や宗教に解釈を求める。だが、どちらももの足りなく感じられるだろう。それを超えるのは体験（「実験」）だ。だから、人類の死の文化をたどりながら、英雄豪傑や哲人の体験思索をたずね、「実験と考察の二面より此問題を究め以て吾人が精神修養の資となさんとす」。このように求道的な関心が咄堂の探究する「死生観」の最終的な落ち着きどころである。

第3章　死生観を通しての自己確立

一　教養青年の死生観

もう一つの系譜

前章で示したように、日本で「死生観」という語が生み出され、多くの人々が関心をもつようになったのは一九〇〇年代の初頭だった。その後、アジア太平洋戦争に至る三〇年程の間に、発生期の近代死生観言説はそれなりの深まりを見せていく。

加藤咄堂は学のある人だったが、彼の著作や講演の受け取り手は必ずしも学問や教養に関心をもつ人たちではなかった。むしろ社会の実際的な場面で活躍する指導層が主な語りかけの対象だった。その出身からも知れるように加藤は武士道に親近感をもち、武士道から国民道徳論へと発展していくような言説の系譜を代表する存在だった。この系譜は明治天皇の死の直後になされた乃木希典（一八四九―一九一二）の殉死によって、一段と強力な流れとなった。この流れは戦争が起こると自ずから活性化し、戦時中の死生観言説の支配的な様式となる。太平洋戦争期までの死生観言説の有力な系譜の一つがここに見られる。

この武士道的な死生観の系譜は、現代に至るまで強い影響力を保っている。たとえば、一九九八年に連載が開始された井上雄彦のマンガ『バガボンド』は、つねに死を覚悟して生きる放浪の剣客、宮本武蔵を描いた作品で、二〇一〇年五月までに書物としては三三巻まで刊行され、六千万部売れているという。この時期には明治武士道の書物が読みやすい形で再刊されたり、菅野覚明『よみがえる武士道』(PHP研究所、二〇〇三年)、『武士道の逆襲』(講談社現代新書、二〇〇四年)が刊行されるなど、出版メディアで武士道に注目が集まった。

また、この時期にはナショナル・サッカーチームの呼称に用いられるなど、「サムライ」の語が輝かしい響きを帯びるようになった。二〇〇三年に封切られたアメリカ・ニュージーランド・日本映画「ラストサムライ」(エドワード・ズウィック監督)は、日本で一、四一〇万人の観客を動員し、二〇〇四年の最高興行成績をあげた。二〇〇六年から七年にかけて上映された「硫黄島からの手紙」(クリント・イーストウッド監督)も武士道的な伝統への賞賛を含んだ作品系列に位置づけることができるだろう。

なお、『バガボンド』は一九三五年から三九年にかけて朝日新聞に連載された、吉川英治の『宮本武蔵』を下敷きにしている。この長編小説は大いに反響をよび、三六年から四三年にかけて一〇篇が映画上演、三九年からは徳川夢声によるラジオ朗読もなされ、広く国民に知られる作品となった。宮本武蔵の映画や徳川夢声による朗読は、戦後も繰り返された。一九〇〇年前後の明治武士道の興隆、アジア太平洋戦争期の武士道鼓吹、そして二〇〇〇年代の「サムライ」武士道ブームには連続性があると言ってよいだろう。

「煩悶」青年から文芸的死生観言説へ

だが、この時期の死生観言説はこの系譜につきるものではない。もう一つの有力な系譜として、知識人、文学者らの死生観言説がある。この系譜はアジア太平洋戦争期にも沈黙させられたわけではなく、勢いのよい支配的潮流と比べればマイナーなものであったとしても、それなりの影響力をもっていた。たとえば、小林秀雄は一九四二年に「無常という事」という小文を書いているが（『小林秀雄全作品14　無常という事』新潮社、二〇〇三年）、これに感銘を受けた読者は少なくなかったし、戦後もよく読まれ続けた。そこでは、中世浄土教の『一言芳談』の「生死《しやうじ》無常の有様を思ふに、此世《この》のことはとてもかくても候」という句を含む一節が引かれ、「歴史とは上手に思い出すことだ」という思想が述べられていく。

そこにはまた「死こそが人間を完結させる」という小林なりの死の思想が述べられてもいる。『一言芳談』は死に思いをこらすことを勧める、代表的中世死生観文献であることも思い起こしておきたい。若い軍人や兵士に死の覚悟を促す言説があふれていたとき、それとは異なる死生観の述べ方がありうることを示した一文と言えよう。高度の教養を基礎として咀嚼されうるこうした死生観言説が、戦時中の若者に及ぼした影響も無視できない。たとえば、一九八〇年代以降に死について多くの発言を行ってきた批評家の吉本隆明の場合、『一言芳談』への強い関心の背後に「無常ということ」の影響を読み取るのは不自然ではないだろう（吉本隆明・大橋俊雄《しゅんのう》『死のエピグラム――「一言芳談」を読む』春秋社、一九九六年）。

　では、このような教養文化の中の死生観言説はどのように形成されてきたのだろうか。教養文化の成立期に世間を賑わせた「煩悶」の言説の中にその早い現れがある。一九〇三年、第一高等学校の学生だった藤村操（一八八六―一九〇三）が華厳の滝で投身自殺し、世間を賑わせた（平岩昭三『検証　藤村操――華厳の滝投身自殺事件』不二出版、二〇〇三年）。藤村は元大蔵省主計官の息子、南部藩士の孫であり、その投身自殺は仏教と哲学の統合を目指した井上円了（一八五八―一九一九）が設立した京北中学を卒業し、一高に進学してさほど時を経ぬ頃だった。京北中学は哲学館、哲学堂の創始者でもある井上円了の思想を反映して哲学教育を尊んでいた。

　叔父の那賀通世はその死を世に知らせつつ悼む文章を草し、「余が兄の子藤村操、幼にして大志あり、哲学を講究して、宇宙の真理を発明し、衆生の迷夢を醒まさんと欲し、昨年より第一高等学校に入り、哲学の予備の学を修め居たれども、学校の科目は、力を用ふるほどの事に非ずとて、専ら哲学宗教文学美術等の書を研究して居た」と述べている。藤村が身を投げる直前に、華厳の滝上の樹木に彫りつけた「巌頭之感」と題された一文は、その自殺の哲学的動機を示すものとして世を驚かせた。

悠々たる哉天壌、遼々たる哉古今、五尺の小軀を以て此大をはからむとす。ホレーショの哲学竟《つい》に何等のオーソリチーを価するものぞ。万有の真相は唯一言にして悉す、曰く、「不可解」。我この恨を懐て煩悶終に死を決す。既に巌頭に立つに及んで、胸中何等の不安あるなし。始めて知る大なる悲観は大なる楽観に一致するを。

「ホレーショの哲学」というのはシェイクスピアの『ハムレット』を踏まえているが、俗人の常識的思想というような意味である。この世の雑事に埋没して生きるのを潔しとせず、もっとも重要な実存的真実の核心に向き合おうとし、人生の意味の欠如という究極の「悲観」を悟って死ぬのだが、死に向き合うことはまた大いなる「楽観」でもあったと藤村は述べている。

哲学的自殺に共鳴する教養青年たち

この出来事は、死を覚悟すること、死に直面することが自己にとっての究極の問いに答えることになるというメッセージを遺した。そしてそれに共鳴する若者も少なくなかったようで、その後、華厳の滝での自殺があいついだ。藤村操と京北中学以来の友人であった魚住折蘆《せつろ》（一八八三―一九一〇）は、藤村の自殺への共鳴を文章の形に遺している。「弔辞」では、
想ひ起す去年十月、われ信仰の混惑に陥り死を描いて君に語らず、今年五月君生死の大疑

に触れ死を決して我に告げず、嗚呼我今日後《あと》に残りて君を弔する日に逢はむとは。君の死を聞くや憂悲われを蔽ひわれ再死を描いて止まず、死また荐《しき》りに我を招いで我に死を希はしめぬ。若《も》し去年十月われ君に告ぐるに我胸中を以てせば必ずしも煩悶を独するを要せざりしならむ、或は相抱いて水に下りしやも測り知るべからず。

と述べている。

魚住は続いて一高の『校友会雑誌』（一九〇四年五月号）に「自殺論」を寄稿し、「予の恥づるなくして選びうるもの三。曰く、狂。曰く、自殺。曰く、信仰。而して予は前二者に近きて傍を過ぎり遂に第三者に達して安んじぬ。一たびは狂を望見して戦慄せしが之を雲の如くに送り、二たびは死の誘惑を受けて身を悶えしが之を超えて渡りぬ。（偏《ひとへ》に師友の愛に感謝す）かくて最後に懐疑の帳《とばり》を巻いて信仰に立ちたる也」と論じた。正面から究極の問いに向き合うことを是とし、ひいては死を覚悟すること、自殺することをも是とするという論旨である。

魚住は早くから内村鑑三にひかれ、キリスト教徒となりながらも、懐疑に苦しめられていた。一高卒業後は東京帝国大学の独文科に、ついで哲学科に進学し、トルストイに親しんだ。大学院で学び文筆活動も行うようになり、自らの神秘体験を記した『予が見神の実験』の著者の綱島梁《りよう》川《せん》や、一燈園を創始した西田天香に共鳴するようになるが、一九一〇年に病死した。当時、多数の学生が宗教体験にひかれたが、彼らに大きな影響を与えた宗教的知識人として、内村鑑三（一八六一—一九三〇）、清沢満之（一八六三—一九〇三）、西田天香（一八七二—一九六八）、綱島梁川（一八七三―一九〇七）、伊藤証信（一八七六―一九六三）、そしてトルストイ（一八二八―一九一〇）などの名をあげることができる。魚住は強く死を意識しこれらの宗教的知識人に学びながら、真理を問う者、哲学を学ぶ者としてのアイデンティティを打ち立てようと奮闘したのだったが、病気のため若くして死去した。

二　志賀直哉の自己確立

教養主義的求道者、志賀直哉

こうした教養主義的求道者の中で、洗練された死生観の表現に到達し、近代日本の死生観言説、死生観表現において傑出した地位を占めるようになった存在に、小説家の志賀直哉（一八八三―一九七一）がいる。志賀直哉は学習院の高校時代の友人、武者小路実篤、木下利玄らと『白樺』を創刊し（一九一〇年）、有島武郎、里見弴、柳宗悦らとともに新たな文芸運動を起こした白樺派の中心人物の一人である。志賀は藤村操や魚住折蘆とほぼ同年代で、彼らと同様、教養主義文化による自己確立に真剣に取り組み、求道的な読書生活を経るうちに深刻な内的葛藤にはまり込んでいった。

当時、学習院の院長は乃木希典だったが、白樺派の人々は乃木に好感をもっていなかった。夏目漱石や森鷗外は乃木の殉死に衝撃を受けながら、敬意と感慨を込めて『こころ』や『阿部一族』などの作品を書いた。これに対して『白樺』の若者たちは、殉死に象徴される武士道的な死生観にはあまり共鳴しなかったようだ。トルストイや白樺派についての著作で知られる本多秋五は、『志賀直哉』（上・下、岩波新書、一九九〇年）の中でこう述べている。

乃木大将の殉死に際して、武者小路は、「乃木大将の殉死は、ある不健全なる時が自然を悪用してつくり上げたる思想にはぐくまれた人の不健全な理性のみが、賛美することを許せる行動である。」（『人類的、附乃木大将の殉死』）と書いた。志賀日記を見ると、「乃木さんが自殺したといふのを英子からきいた時、「馬鹿な奴だ」といふ気が、丁度下女かなにかゞ無考へに何かした時感ずる心持と同じやうな感じ方で感じられた。」（大正元年九月一四日）とある。

本多秋五は武者小路や志賀のこうした態度について次のように評しているが、よく要点を捉えたものだろう。

ここには学習院卒業生の無意識の特権意識もあるだろうが、それだけに身軽に国家について、忠誠心について、功名手柄について、古い観念をかなぐり棄てたところがある。武者小路や志賀の考えを無条件に肯定するのではない。世代間の思想の相違をいうのである。

他方、文学を全力投球に値する唯一の仕事と考えた志賀直哉は、そのためには命をちぢめても惜しくないとまで考えた。

武者小路や志賀直哉は武士道的な殉死が、特定集団の存亡や名誉をかけて行われることに違和感をもったのだろう。「自分」という語が頻出する文章を書いた彼らは、特定集団に属するものとしてではなく、普遍的な真理にわが身を捧げる個人としてのアイデンティティの確立を目指した。それも宗教を通してではなく、書物を読むことなどにより得られる教養を通してそのような普遍的真理に近づけるという希望をもつことができた。そしてそれはこの世の生命を超えて尊ぶべきものがあると感じていた武士から何ものかを引き継いでいたのかもしれなかった。彼らは藤村操や魚住折蘆のように超越的価値の喪失や「虚無」に直面したとしても、自殺にしか道がないと思うほどの悲観に陥ることはなかった。彼らは「神」を失ったが、それにかわってたとえば「自我」や「自然」とよばれるような何かを見いだし、そこに新たな拠り所があると考えることができた。

志賀直哉の自己確立と死の想念

とはいえ、そこで死の想念が大きな役割を果たすことがあった。志賀直哉の場合がそれで、大正教養主義文化の中での死生観言説を代表するような作品を遺すことになる。志賀は父親や内村鑑三との厳しい葛藤を経、次いで死に向き合うことを通して「近代的自我」と考えられたところのエリート（「文学者」「芸術家」）としてのアイデンティティを獲得していく。その「死に向き合う」体験を描き、個人として作家としての自己確立と死生観との関連を鮮明に示したのが「城の崎にて」（一九一七年）である。

志賀直哉は長期にわたって父との葛藤に悩んだ。実業家であり、ことあるごとに家父長権をかざす父に反抗して、教養主義文化の核心にあったような精神的な価値にわが身を捧げる道を歩もうとする。一〇代後半からは内村鑑三が導きとなった。内村に従ってキリスト教を学び、潔癖な倫理性を目指し、世俗になじんだ生活から遠ざかろうとした。しかし、やがて（七年後）内村から離れていく。そしてほとんど出席できずに東京大学を中退する。経済的に自立できない上に、性欲の抑圧に耐えられなくなり、家事手伝いの女性との結婚を一方的に決意して、性的交わりをもつ。それが父との葛藤を決定的なものとし、やがて家を出ることになる。この過程を、主に性の悩みと主人公（「私」）の迷いという側面から描いた自伝的小説が「大津順吉」（一九一二年）である。この小説はちょうど明治天皇の死や乃木大将の殉死と前後して『中央公論』に掲載された。

その後、志賀は別の女性と結婚し子供が生まれるが、最初の子供の死をきっかけとして父との関係は和解に向かっていく。この過程を書いたのが「和解」（一九一七年）である。では、この間に作家自身にどのような心境の変化があったのか。「城の崎にて」（一九一七年）、「ある男、その姉の死」（一九二〇年）、『暗夜行路』（一九一九—三七年）を見ると、作家なりの「死に向き合う体験」があったこと、また、その文学的表現の成功があったことが分かる。志賀直哉は青年期のアイデンティティ・クライシスを克服し、確固たる倫理的主体性を我がものとする（「自我」確立）に際して、「死に向き合う体験」と死生観表現に多くを負っていることが分かる。

三　死生観を描く教養小説

事故で死に直面する

実際には、志賀は「大津順吉」を発表した後、明治天皇と乃木大将の死のほぼ一年後の一九一三年、山手線の電車にはねられて重傷を負い、強く死を意識した。そのことは「城の崎にて」の書き出しに記されているとおりである（『ちくま日本文学21　志賀直哉』筑摩書房、二〇〇八年）。

山の手線の電車に跳飛《はねと》ばされて怪我をした、その後養生《あとようじょう》に、一人で但馬の城崎温泉へ出掛けた。背中の傷が脊椎カリエスになれば致命傷になりかねないが、そんな事はあるまいと医者に云われた。二三年で出なければ後は心配はいらない、とにかく要心は肝心だからといわれて、それで来た。

「ある男、その姉の死」では、木の上の鳥の巣を襲おうとする蛇に驚いて落下し、けがをしたことになっている。頭から血が噴き出し、意識不明になった。病院へかつぎこまれたが退院まで二〇日ほどかかった。頭よりも背中の傷に懸念があったという。心理的衝撃は強かったようで、「城の崎にて」では、「頭はまだ何だか明瞭《はつきり》しない。物忘れが烈《はげ》しくなった。しかし気分は近年になく静まって、落ち着いたいい気持がしていた」とある。そして、「淋しい」「沈んだ」と「静か」とが通じ合うような境地が描きだされていく。

「淋しい考え」というのは、次のようなものだ。なお「青山」は「青山墓地」を指す。

一つ間違えば、今度は青山の土の下に仰向けになって寝ているところだったなど思う。青い冷たい堅い顔をして、顔の傷も背中の傷もそのままで。祖父や母の死骸が傍《わき》にある。それももうお互に何の交渉もなく、——こんな事が想い浮ぶ。それは淋しいが、それほどに自分を恐怖させない考だった。いつかはそうなる。それがいつか？——今まではそんな事を思って、その「いつか」を知らず知らず遠い先の事にしていた。しかし今は、それが本統にいつか知れないような気がして来た。

ところが、これは恐怖をよびさますわけではない。また生かされたことへの感謝や使命感から奮い立つというふうにもいかない。むしろ「静か」さと組み合っているという。「しかし妙に自分の心は静まってしまった。自分の心には、何かしら死に対する親しみが起っていた」。

死に面した生き物たち

「城の崎にて」のこの先の叙述は、この自らの死を意識しての心の静かさや「死に対する親しみ」について、作家が城の崎で目の当たりにした生き物の死生を描きながら説明されていく。まず、玄関の屋根で死んでいた蜂。「足を腹の下にぴったりとつけ、触角はだらしなく頭へたれ下がっていた」。そして、「夜の間にひどい雨が降った。朝は晴れ、木の葉も地面も綺麗に洗われていた。蜂の死骸はもうそこになかった。（中略）多分泥にまみれてどこかでじっとしている事だろう」。こう描写しながら、作家は「それはいかにも静か」だったと繰り返す。

次には、何とか生き延びようともがく鼠が描かれる。海へと注ぐ川に鼠が投げ込まれた。鼠は一生懸命に泳いで逃げようとする。鼠には首の所に七寸ばかりの魚串《さかなぐし》が刺し貫《とお》してあった。（中略）鼠は石垣の間にようやく前足をかけた。しかし這入《はい》ろうとすると魚串がすぐにつかえた。そしてまた水へ落ちる。鼠はどうかして助かろうとしている。顔の表情は人間にわからなかったが動作の表情に、それが一生懸命である事がよくわかった。（中略）自分は鼠の最期を見る気がしなかった。鼠が殺されまいと、死ぬに極《きま》った運命を担いながら、全力を尽して逃げ廻っている様子が妙に頭についた。自分は淋しい嫌な気持になった。あれが本統なのだと思った。自分が希《ねが》っている静かさの前に、ああいう苦しみのある事は恐ろしい事だ。死後の静寂に親しみを持つにしろ、死に到達するまでのああいう動騒《どうそう》は恐ろしいと思った。自殺を知らない動物はいよいよ死に切るまではあの努力を続けなければならない。

では、「自分」の場合、どうだったか、と志賀は自らに問いかける。自分も鼠と同じように必死の努力をして病院の手配をした。「半分意識を失った状態で、一番大切な事だけによく頭の働いた事は自分でも後から不思議に思った位である。しかもこの傷が致命的なものかどうかは自分の問題だった。しかし、致命的のものかどうかを問題としながら、ほとんど死の恐怖に襲われなかったのも自分では不思議であった」。もっともほんとうに致命的なものだという宣告はなかったのだが、もしそうだったとしたらあの鼠の場合とそう変わらない状態だろう。その場合は動揺するかもしれないし、しないかもしれない。「あるがまま」だ。どちらにしろ、それはそれでいい、「仕方のない事だ」——こう述べていく。

生き物の淋しさ

最後に、道ばたの「流れ」にいたイモリが描かれる。「自分」は石の上に乗っているイモリを驚かせて水に入らせようと、イモリに向かって石を投げる。ところが、それが当たってイモリは死んでしまう。「素《もと》より自分のした事ではあったがいかにも偶然だった。蠑螈《いもり》にとっては全く不意な死であった。自分はしばらくそこに踞《しゃが》んでいた。蠑螈と自分だけになったような心持がして蠑螈の身に自分がなってその心持を感じた。可哀想に想うと同時に、生き物の淋しさを一緒に感じた」。事故で死んだイモリと事故で生き残った自分が置き換え可能なものと感じたのだという。生き残ってよかった、あるいは申し訳なかったというより、死んだ者と一体だという気持ちが強かったということか。そして、宗教的な境地を示唆するまとめの一節へと入っていく。

遠く町端《まちはず》れの灯が見え出した。死んだ蜂はどうなったか。その後の雨でもう土の下に入ってしまったろう。あの鼠はどうしたろう。海へ流されて、今頃はその水ぶくれのした体を塵芥《ごみ》と一緒に海岸にでも打ちあげられている事だろう。そして死ななかった自分は今こうして歩いている。そう思った。自分はそれに対し、感謝しなければ済まぬような気もした。しかし実際喜びの感じは湧き上っては来なかった。生きている事と死んでしまっている事と、それは両極ではなかった。それほどに差はないような気がした。

このように「城の崎にて」は身辺の動物の死を描きながら、事故にあって死に直面した志賀の「自分」の死生観についてたんたんと語った作品で、随筆に近いとも心境小説とも評されてきた。だが、ここでは自らがいのちの危機に陥った経験を通してある種の死生観を得、死の恐怖を超え、死を身近なものとして受容することができたと述べられている。つまりある種の悟りの体験、あるいは死と生をめぐる真理を体得した経過が示唆されているのだ。

少なくとも志賀にとっては、「城の崎にて」に描かれた体験とそれをこの作品に結晶しえたことが自己の不安や葛藤を超え、堅固な拠り所をもって人生を生きていくための大きな転機と感じられたようだ。志賀が自らの迷いを克服していく際、倫理問題や社会思想の問題も大きな課題だったと思われ、別の作品ではそれらも主題化されている。だが、それと並んで、自らの死への恐怖を克服することが重い意義をもった。「城の崎にて」を書くことによって、志賀は死の恐怖に打ち克ちうるような、人生の極意に近づいたという自覚をもつようになったと思われる。そのことは、「ある男、その姉の死」を見ることによってもっと明白になるだろう（『大津順吉・和解・ある男、その姉の死』岩波文庫、一九六〇年）。

「ある男、その姉の死」は「大津順吉」で描かれた出来事があった前後の、志賀自身と父との葛藤を弟から見た兄の事柄として描き出している。「和解」では父との和解が語られるのだが、自らの性の悩みに焦点が当てられた「大津順吉」では、父はほとんど描かれておらず、なぜそこまで父との葛藤が深刻化したのかが分かりにくい。そこでこの作品では父との葛藤が正面から描き出されている。「父」と主人公（兄、芳行）との葛藤、また主人公の成熟に関わるさまざまな出来事の中に、死に直面させられる事故の一件が織り込まれていることは先に記したとおりである。

そして九年を経て、家を出てしまった「兄」と語り手（弟、芳三）が再会する場面が描かれていく。これも家から離れていた姉（時子）の死に際して、信州の寒村で再会するという設定だ。語り手は九年ぶりに会った「兄」が、人格的に大きく成長していることに驚く。

兄はなつかしそうに私の顔をじっと見入りました。その目は柔らかい、そしてあたたかい感情を含んでいましたが、それにかかわらず、じっと見られると私は変な圧迫を感じました。それは兄が家出をしたころのあのいかにも自信のないオドオドしたまなざしではありません。私の全く予期しなかったものでした。見すぼらしい姿、トボトボとした歩み、そんなものを越えたまなざしでした。

二人は最期を迎える姉（時子）の床のそばへ行く。それから時子の死に至る過程が描かれていく。語り手は死の恐怖に見舞われる。作者はここで「死の恐ろしさ」について語り、「兄」がすでにそれを克服しているということを示唆していく。

人の一生がこんなにして終わらねばならぬという事は恐ろしい以上、物すごい感じがしました。死んでしまえばどういう死も結局は同じであるとしても、この場合、すすけた変に広い部屋に暗いつりランプが一つ、そして見るもの何一つ華《はな》やかな色もなく、姑と夫との心持ちにももう色もあたたかみもないような感じから、私にはこの光景がすでに黄泉《よみ》のように感じられたのです。

続いて都市の病院との環境の違いが語られているが、それは人工的環境でないためにむき出しの死に直面しているのだということを示唆するものだろう。

ところがここでは何一つそういうものはありません。私は無限の闇《やみ》に落ちて落ちて行く、ちょうど寝つきにどうかするとそういう気持ちになる、それに似た死の恐れを感じたのです。鳥が鳴いたり、虫が飛んだり、日が照ったり、風が吹いたり、花が咲いたり、犬が駆けたり、子供が騒いだりする明日《あした》のある事がどうしても頭に浮かんで来ませんでした。死が永遠の闇なら人生は高原での寒い日の薄暮というような気がしたのです。少なくも姉にはそれは実際にそうだったという気がして来たのです。

ところが「兄」はまったく死の恐れにとりつかれていない。恐れにかられそうな語り手、つまり「弟」にとっては「唯一のたよりの気がして来」たという。「ことにあの目、それは死に反抗もしない代わり、またそれにも決して打ち負かされないような目でした」。そして、「実際兄は姉のその姿をじっと見つめていながら、現在私がすっかり巻き込まれているその気分には少しも巻き込まれずにいる事が感じられたからです」。

「兄」は葬式の前に、すでに何も告げずにそこを立ち去ってしまっていた。この小説の最後で、「兄」は消息不明だが「伯耆《ほうき》の大山《だいせん》に確かに兄だと思う人がいるという知らせ」があって訪ねてみたが人違いだったと語られている。

「ある男、その姉の死」ではよく意味がわからないこの一節は、『暗夜行路』の末尾において、主人公の時任謙作が大山に登り、そこで体験した神秘体験のことをあわせ読めば、その意味がはっきりしてくる。謙作は大山に登る途中で疲労困憊してやがて重い病の床に就くのだが、その前に、「不思議な陶酔感」を感じる（『暗夜行路』角川文庫、一九六七年）。

彼は自分の精神も肉体も、今、この大きな自然の中に溶込《とけこ》んで行くのを感じた。その自然というのは芥子粒《けしつぶ》ほどに小さい彼を無限の大きさで包んでいる気体のような眼に感ぜられないものであるが、その中に溶けて行く、――それに還元される感じが言葉に表現出来ないほどの快さであった。

そしてこの陶酔感は思想的な意味をもち、死の恐怖を超えるような境地に導くものであることが示唆されている。

静かな夜で、夜鳥《よどり》の声も聴えなかった。そして下には薄い靄《もや》がかかり、村々の灯《ひ》も全く見えず、見えるものといえば星と、その下に何か大きな動物の背のような感じのするこの山の姿が薄く仰がれるだけで、彼は今、自分が一歩、永遠に通ずる路に踏出したというようなことを考えていた。彼は少しも死の恐怖を感じなかった。しかし、もし死ぬならこのまま死んでも少しも憾《うら》むところはないと思った。しかし永遠に通ずるとは死ぬことだという風にも考えていなかった。

『暗夜行路』では妻の過ちに悩む謙作が大山に来たのは、「『出家』ぐらいの気持」だったとされ、悟りを求めるモチーフが強かったことが書かれている。また、「ある男、その姉の死」では、心の狭い「父」に対置されて人徳のある「祖父」が描かれており、その「祖父」は晩年に仏教に、とりわけ禅に親しんでいったと記されている。そして「祖父」は「たいへんいい目を持っていた」、「それは静かでいて、力のこもった目で」あり、「どぎつく光った場合を見なかった」とも述べられている。

四　死生観文学の系譜

死に面した心境を語る文学系譜

「城の崎にて」が表現する死生観について、卓抜な解釈を提示したのは批評家であり作家でもあった伊藤整である。伊藤は『文学入門』（『改訂　文学入門』光文社文庫、一九八六年、初版は一九五四年）において、小説が社会関係を描き出すことを志向しているか、内面を描き出すことを志向しているかという観点から、ヨコ型とタテ型とに分けている。タテ型の認識の仕方にも暗い生きざまをさらし破滅していくわが身を描くことで生を照らし出す下降型と、死や無の方に下った地点にわが身を置いてそこから生の光を描こうとする上昇型がある。心中を繰り返して死へと向かった太宰治はタテ型下降型の代表的作家だが、「城の崎にて」はタテ型上昇型の代表的な作品として詳しく論じられている。

この作品のように、人生というものを死ぬことと生きることの差のところから考えることは、人生の深さを海にたとえれば、主人公が、かりに、その「死」という海の底まで下りていって、その底から、生きている現実の世の中、すなわち水中の魚や海草や水面の日の輝きなどをのぞいて見るような感じを、われわれに与える。表面に浮かんでいる我々は、表面の波ばかり気にして、その表面におけるヨコの関係で他人と争って早く進もうとしたり、他人を押しのけたり、あまり勝手をする人間を道徳というもので非難したりして暮している。浮いていること、すなわち生きていること自体の底にあるものを、われわれは忘れている。このような作品を読むと、人生のその根本的な姿を理解したように感じる。

このタテ型上昇型の小説を伊藤は「死または無を意識する時に生命が理解され、私たちの存在が明らかに認識される、という方法」と捉え、「日本の芸術家が好んで使う方法」とする。例として、梶井基次郎の「ある崖上の感情」（一九二八年）、堀辰雄の「風立ちぬ」（一九三六—三八年）、尾崎一雄の「虫のいろいろ」（一九四八年）、島木健作の「赤蛙」（一九四六年）があげられている。「これらの作品はそれぞれ短い作品であって、人や動物について、それの死ぬ場面を描いているか、または主人公が死にかけている病人であることを前提として書かれたものである。これらの作品はいずれも病人の手で書かれた。作者が自分の病気という意識を持って人生を考えた時に、これらの作品が生まれた点が共通した特色である」。

諦念に根差した安心の境地

こうした作品は、多くの人が経験するであろう比較的単純な事柄に根差している、そう伊藤は論じる。

一般の利益を求める実生活をしている人間でも、いったん病気になって、近く死ぬと思いながら床についていると、彼はつぎのように考える。やがて自分はこの世を去ってゆく。自分は、この雲を見ることもできなくなるし、こういう木の葉を見ることもなくなる。そうすると彼は、虫がはっているのを見ても、そのはい方に気をつけ、この虫は何のために生きているのだろう、と考えたり、または、自分が今こうして生きているのはこの虫のような、はかない生き方と同じことで、自分はこの虫のように、明日か明後日、死ぬのではないかと考える。

そうすると、彼にとっては一匹の虫の動く有様も他人事でなく、全注意がそこに集中する。その時、はじめて、一匹の虫なり、一枚の木の葉なりが、実在感をもって彼に意識される。

死を意識せざるをえないほどの病気やけがで、現世の活動や人間関係から撤退せざるをえなくなったとき、その引き下がった地点で世界の真相が露わになったように思われ、諦念に根差した安心が得られる。この心理を芸術的に洗練させて描き出し、諦念に根差した安心の境地やそこから反転して得られる生の輝きの認識を描いたのが「城の崎にて」などの作品群だという。

伊藤はさらに、それは東洋的な隠遁の思想伝統の特徴に照応するものだとも論じている。ヨーロッパ人はヨコの人間関係を描きながら、それを理想状態に高めていこうとする文学的表現に長《た》けており、それはエゴと他者への愛とを主題とするキリスト教の倫理性に対応するという。他方、東洋の思想は社会倫理性に乏しく、社会から撤退して隠遁生活を送った人を理想視する傾向がある。仏教や道教や儒教、あるいは日本の宗教や詩歌に見られる隠遁者・遊行者の伝統では、ヨコ型の社会関係の経験を洞察して理想を追求するという姿勢に乏しかった。これが日本で「タテ型の感動、すなわち無と死の意識による認識を長い間かかって育ててきた」のだという。

さらに伊藤は、「それでは、西洋の作家にこのような無によって存在の真実を認識するという力は、まったくないかというと、そうではない」とも述べている。例として、トルストイの「戦争と平和」で戦場のニコライ・ロストフが死に直面することで得た静かな心境の叙述をあげている。そして、トルストイの場合は多くの人物を登場させて、複雑なヨコの社会的な人間の交渉も描くことができ、「同時に根本的な無の意識による人間の生命の実在観を描くこともできた」。だからこそ偉大な作家なのだという。

無常と対照して描かれる生の味わい

伊藤の議論は、「城の崎にて」という死生観小説の特徴をよく捉えていると思う。伊藤も例にあげているが、西行や鴨長明や芭蕉のような人々は死にゆく者としての人間をつねに意識し、死の影の下に生きる人間の微妙な心情を奥深く描き出そうとしてきた。無常観に即して死に向き合うことは、日本の文芸の本流だったと言ってもよいだろう。近代文芸においては、生のはかなさへの詠嘆を大前提とした伝統的な無常観表現では訴える力がない。これも伊藤が論じているように、作家が隠遁に等しい境地を歩む破滅型の私小説文学の様式もあった。だが、これは無常観の系譜とは異なっている。それに対して、病気やケガのために死に直面した状況を前提とした作品群において、無常やはかなさとの対照において生の輝きが描かれるという作品群が成立することになった。

「城の崎にて」はこうした系譜の端緒に位置する作品である。後の志賀直哉がここで得られた境地を仏教、とりわけ禅と関わらせようとしていることを述べたが、それは現世（浮き世）からの撤退による悟りの境地が「東洋的」あるいは「日本的」な宗教伝統と結びつくと直感していたことをよく示すものだろう。また、「城の崎にて」の発表前の草稿には、「いのち」と題されたものもあることも興味深い。生命が超越的な次元との関わりにおいて理解されるとき、この語が使われるのだが、この作品はそうした使用法が試みられた初期のよき例ともなるものだ。

内面的自覚による自己確立

「城の崎にて」で確立し、「ある男、その姉の死」や『暗夜行路』で展開されていった志賀直哉の死生観言説の特徴をいくつかあげてみたい。「ある男、その姉の死」や『暗夜行路』は主人公の成長物語、自己確立物語である。青年期の人生指針と親からの精神的自立の問題に正面から向き合い、深刻な危機をくぐり抜けて、社会的にも精神的にも主人公が自分らしい確固たる立場を得るに至る過程が描かれている。社会的な自立というのは一つは結婚生活の安定であり、社会的地位という点では作品上に表れにくいが、作家として生活していける地位を得ることを背後に読み取ることができる。

精神的な自立については、家族を中心とする人間関係の葛藤やそれに伴う倫理的な問題を克服するとともに、高い理想や超越的な次元との関わりにおいて自己を位置づける探求の解決が含まれる。その際に死生観を獲得する経験、およびその文学的表現の創造が、大きな役割を果たすことになった。三つの作品のいずれにおいても、主人公は死に直面する経験をし、死の恐怖を克服することを通して理想や超越性らしきものに近づく手がかりを得る。それは心の落ち着きに表れたり、自信ある態度に表れたりする。死生観の獲得が精神的な自立の主要な指標となっているのだ。
「城の崎にて」では自らの死に直面した体験、また死の恐怖に向き合いつつそれを克服した経験だけが描かれている。「死生観小説」と言える所以である。だが、「ある男、その姉の死」や『暗夜行路』では、死生観体験と死生観表出が成長物語、自己確立物語の枠組の中にはめ込まれている。つまり、成長物語や自己確立物語の構成要素としての死生観という側面がある。近代の教養主義文化には、「宗教」や「哲学」や「文学」や「芸術」を通して自己確立を果たそうとする傾向があったとすると、志賀直哉の場合、そうした教養主義文化の中から死生観的体験を得、それを表出していったのだ。

教養主義文化においては近代「知識人」（文人エリート）の主体性が重視されるが、それは内面性を踏まえて形成されると考えられた。内面性は典型的には読書や宗教体験や芸術体験を通して得られる。「城の崎にて」、「ある男、その姉の死」、『暗夜行路』においては、内面性に基づく堅固な主体性が形を取る際に、死生観体験、死生観表出が大きな役割を果たしている。そこに見られるのは、知識人の内面性に基づく自己形成の構成要素として死生観体験、死生観表出が格好の出番をもつということである。

教養主義的死生観の狭さ

しかし、伊藤整が述べているように、志賀が表出しているような死生観体験は、内面性を求める知識人の体験であるに止まらず、さまざまな社会的位置に生きる多くの人々に共鳴されうる広がりをもつ種類の体験である。成長物語の枠組が目立たない「城の崎にて」において、とくにそうだろう。伊藤整はこのように述べていた。「重い病の床に横たわっている人が、近く死ぬ、と思いながら雲を眺めたり、海を眺めたり、草花を見たり、木の葉を眺めたりすると、それは、この上ない美しさをもって感じとられるにちがいない」。これは誰にでも心に響く事柄だ。だが、死に直面した経験から何を拾い出し、どのような要素を強調するかは表現者の社会的な関係、伊藤整の用語を用いればヨコの要素に大きく関わってくる。

志賀直哉の場合、静けさと落ち着きの気分が基調である。死の恐怖の克服ということが強調されている。これはやや楽観的な考え方であり、死の無残さや生者の制御を超えた側面が軽視されている。そしてそこに禅仏教に通じるような超越的意味があると示唆されている。このような方向づけが行われたのは、実は成長物語、自己確立物語を生き、それを表現してきた志賀の社会的位置と、そこで格闘する彼の個性と切り離せないものである。

では、志賀作品はそのような限定性を超えて、死生の真実に迫ろうとしていると言えるだろうか。他者との関わりにおいて自らの死生観体験を相対化しながら、多様な死生が照らし合うような次元を描き出しているだろうか。おそらくそうは言えないだろう。別の言い方をしよう。志賀の死生観表現は特定の社会的位置にある個人を超えて、当時の社会のさまざまな死生の経験に対して、その広がりを示唆する側面をもっているだろうか。ある特定の教養人、知識人としての自己の死生観的経験を、他の社会層の人々の死生観的経験に、ひいては不特定の個人に照らしてその広い意味について問いかけるという点で、ややもの足りないと言わざるをえない。

　伊藤整が述べているように、トルストイの場合は、繰り返し死に直面する個人を描き出しながら、それを社会の多様な位置の多様な考え方をする人々のタペストリーの中に置いていた。また、『イワン・イリッチの死』で示されているように、近代の現実社会に生きる多くの者たちにとって無惨な死、むき出しの死とでもいうべきものが、なかなか克服しがたいものであり、かろうじてキリスト教信仰によって克服できるものとも信じられていた。志賀直哉の死生観言説はトルストイの影響の下で形成された可能性が高いが、この点について詳しく論じた論著にまだ出会っていない。死にこだわったトルストイのその部分が、トルストイを歓迎した日本の読書界にどのように受け止められたのかを広く調べてみる必要もあるだろう。

　また、藤村操の自殺があり「死生問題」が取りざたされてから、「城の崎にて」が刊行されるまで十数年間だ。その間に「文学的に死を描く」という課題が自覚される過程があった。乃木希典の殉死があり、漱石の『こころ』や森鷗外の「阿部一族」や「高瀬舟」が書かれた。トルストイ的なヨコの関係への発展の可能性をもった死生観表出の可能性はなかったのか。白樺派が好んだ個の主体性に即して死生観表出を行った志賀の道とは異なる道はなかったのか。第四章、第五章ではそのような可能性を探っていく。

第4章　「常民」の死生観を求めて

一　死生観を問う民俗学

宗教行事や生活習俗の中の死生観

日本式のお葬式やお墓参りやお盆行事はどのような死生観、霊魂観、また他界観に根差したものなのだろうか。生きている私たちにとって死者はどのような存在なのか。宗教行事や生活習俗の中に死者の霊魂の観念はどのように根付いてきたのだろうか。

これは誰もが抱く疑問である。この疑問に答えることができる学問は日本民俗学ということになる。生活習俗の中の死生観を学ぼうと思えば日本民俗学や関連分野の民俗宗教研究の成果に学ぶ他ない。少なくとも第二次世界大戦後、長期にわたってそう考えられてきた。

実際、戦後、一九六〇年代頃まで日本の民俗学はなかなかの活況を呈していた。柳田国男（一八七五―一九六二）や折口信夫（一八八七―一九五三）のような偉大な先駆者たちが、晩年の著作活動を活発に続けており、彼らに学んだ中堅や若手の研究者が柳田や折口の仕事を発展させようと野心的な仕事を進めていた。そうした戦後の民俗学で「日本人の死生観」という用語はあまり使われなかった。しかし、実質的に「日本人の死生観」に焦点を合わせた研究が活発であり、民俗学の中核に位置していたと言ってもよいだろう。

内を守る祖霊、外から来る人神

たとえば、堀一郎の『民間信仰』(岩波全書、一九五一年)は本家・分家からなる同族団の信仰に続いて「祖霊及び死霊信仰と他界観念」(第八章)を取り上げ、次のように書き出している

以上、我国の村落社会のイン・グループ(連帯感や共同体意識をもつ集団——島薗註)の基盤をなすと推定される同族的な信仰と、その分化し、地域化した種々の類似形態と見らるべきものについて一応の考察を行った。そしてフォクロアの指示する限り、その信仰の根原の一つに、祖霊信仰と、その前段階をなすと思われる死霊信仰が濃く残存し、その周辺に、その機能を分化しまた外方から受容した種々の信仰が複雑な重層的で併存的なかかわり合いをもって、村人の信仰生活を支えていることが知られるのである。

堀一郎は日本の民間信仰の主要な要素は、死霊信仰が二方向に分化していったものだと捉える。一方は、時を経て死霊が清められていって祖先神となったもので地域共同体の氏神信仰の系譜だ。

柳田国男はこれこそが日本の固有信仰だと考えた。

他方、地域共同体を超えてニーズに応じて恐れられたり崇められたりする霊への信仰もある。シャーマン（巫者）が媒介して世に現れ力を発揮するもので、折口信夫はこれを外から訪れる「マレビト」（客人神）と捉えた。この後者に焦点を当てた第九章「人神と宗教的遊行者の信仰と伝承――死者及び死霊崇拝を媒介とする」では、次のように述べられている。

一本に発した死者及び死霊崇拝が、清穢親疎二様の分化過程を辿り、一方は高く清まわって神霊と化し、他方は低く地に匍《は》うてなお生な死者の口寄せともなれば、六道輪廻の様々な苦痛を経験する犇《ひし》めく亡霊ともなり、更に時あって怨霊鬼魔ともあらわれ、妖怪とも化して行く様々の途を歩んで来た。ここに高く清まわるものと、怨霊若宮と顕われ斎《いっ》かれるものと、精霊亡者の領域に止まるものとの間に、夫々の時代差、土着差、対社会差、個性差を考えることは出来ようが、それは霊そのものの持つ条件であると同時に、取りも直さずその霊の管掌者、交媒者の呪術宗教的な社会差を示すこととなり、死穢を極度に畏れ忌む社会にあっては、それは次第に低俗化し、卑賤視されねばならなかったであろう。

だが、この外なる神霊も祟る霊というだけではなく、救いの神ともなる。日本社会では地域を越えて活動する遊行宗教者が有力だった。外なる死霊に接し、その威力を顕すのはこれら遊行宗教者だ。日本の民間信仰の神々はこの二系列からなるというのが、堀の見る日本人の神霊観だ。堀は氏神も人神も死者の霊魂への信仰だが、やがて高次の存在へと発展していくものと捉えている。

祖霊はどこにいるか

祖霊が神格化すると祖先となる。初めは個々の祖霊だが、やがて個性を失い祖先という集合体としての神の中にいわば溶け込んでいく。では、その祖霊や祖先神はどこにいるのか。これは他界観の問題だ。沖縄では海の彼方に他界があるという信仰があり、その他界をニライカナイとよんでいる。本土にもそうした信仰はあり、古代には「常世」という観念もあった。だが、本土で圧倒的に有力なのは山の中の他界だ。

竹田聴洲の『祖先崇拝』（平楽寺書店、一九五七年）はこの山中他界観について次のように述べている。

諸国の霊場と呼ばれる名刹の中には、納骨・納髪・塔婆供養などの形で祖霊供養を行う処が少なくないが、規模の大小は別として、それらの多くがことさら山地に建てられているのは極めて注目すべき事実である。中でも紀州の高野山・熊野妙法寺や信濃の善光寺は古来全国的に有名である（中略）。次に我々の注意を引くのは、後生山・死出山・ハウリ山（中略）・六道辻・蓮華谷・蓮台野など、葬送に関係の深い地名が、全国的にこれまた多く山地に存していることである。山中に他界ありとする観念は、古く古典神話や万葉集にもみえ、又たとえば有名な立山地獄の説話として、平安朝中期の『法華験記』や『今昔物語』にも採録されているが、右にかかげた習俗や地名は、山に祖霊がこもるという観念なしには到底生じ得る処ではない。

今でもお盆には迎え火をたいて祖霊・死霊を迎える。精霊棚や仏壇で祖先に向けて祈る。お墓参りに行く。あるいは精霊流しをする。これらは身近な他界に死霊・祖霊がいて、折に触れてこの世にやってくるという信仰を反映したものだ。こうした実践を度外視して日本人の死生観について語ることはできないだろう。

日本人の死生観をこのような観点から捉える地平を切り開いたのが柳田国男や折口信夫ら日本民俗学の創始者だ。では、死生観言説の歴史の上で、柳田や折口の民俗学はどのような位置をもつのだろうか。

二　柳田国男——他界憧憬と幽冥論の間

若い柳田国男の他界憧憬

日本民俗学の創始者である柳田国男や、柳田によって示された民俗学の道を独自の仕方で発展させた折口信夫は、ともに宗教・信仰こそ民俗学が最終的に明らかにすべきものだと考えた。彼らはともに民俗学によって日本人の精神的な価値の根底が見いだされると考え、それを解明し世に示すことを目標とした。実際、柳田や折口の初期の仕事を見ると、霊魂や他界について高い関心を払っていることがうかがえる。

柳田国男が農政学に親しみ、次いで民俗学の道を歩む以前、新体詩の詩人としてロマン主義的な異郷憧憬を歌っていたことはよく知られている（岡谷公二『柳田国男の青春』筑摩書房、一九七七年、筑摩叢書、九一年、相馬庸郎『柳田国男と文学』洋々社、一九九四年）。柳田が新体詩を書いていたのは、島崎藤村らの『文学界』の人々と親しくしていた二〇歳代の前半、一八九五年から一八九九年の間である。他界や霊魂に関わるような作品には以下のようなものがある。なお、「夕づゝ」は宵の明星＝金星を指す。

うたて此世は　をくらきに
何しにわれは　さめつらむ
いざ今いちど　かへらばや
美くしかりし　ゆめの世に
（夕ぐれに眠のさめたるとき）

かのたそがれの国にこそ
こひしき皆はいますなれ

うしと此世を見るならば
我をいざなへゆふづゝ　　　　　　　　　　　　　　（夕づゝ）

短歌の師、松浦辰男

だが、それ以前に柳田は短歌に長く親しんでおり、そこでもすでに他界や霊魂に近しい世界にふれていた。柳田はすでに一六歳の時に、松浦辰男（萩坪《しゅうへい》）に入門し短歌を習い始め、新体詩を離れてからも短歌は作り続けた。だが、詩作品と同じように短歌作品の中に他界や霊魂に通じるようなかなたの世界への憧憬が表現されているわけではない。短歌の実作や鑑賞を通してというよりも、松浦辰男の信仰世界を通して他界やかなたの世界に親しんでいたと思われるのだ。

松浦の死後、すぐに書かれた「萩坪翁追懐」（一九〇九年、『定本柳田国男集』筑摩書房［以下「定本」と略す］、第二三巻）では「松浦先生の尚古趣味は……旧都の地形と復古時代の気風との小さな結晶」とか、「先生は至孝の人であった」として両親を尊んだことなどを記した後、次のように述べている。

時として、幽冥を談ぜられた事がある、然し意味の深い簡単な言葉であつたから私には遂に了解し得られなかつた。「かくり世」は私と貴方との間にも充満して居る、独りで居ても卑しい事は出来ぬなど、折々云はれた。先生の葬式は遺言によつて仏家に托したけれども、其同じ遺言の中に瞑目したら直に使を遣つて知らせよと云ふ処が一ヶ所あつた。私には此意味がよく解らず、且つ神秘を暴露するの恐れがあるから、あらはには云はぬがそれはある神道の耆宿《きしゆく》の家であつた。

「耆宿」とは老いて徳望の高い人を指す。ここでは松浦の幽冥界信仰がだいぶ突き放されているが、一〇代後半の柳田は松浦の幽冥界信仰を近しいものと感じていたようだ。晩年の自伝『故郷七十年』を見ると当時の柳田が幽冥界に大いに関心をもっていたのではないかと推測される記述が見いだされる（定本別巻三巻、「ある神秘な暗示」）。利根川沿いの布川に居住していた一四歳のことだが、家の庭に初代当主の母を祀った石の祠があった。その扉をいたずら心であけてしまった。そこには、「一握りくらゐの大きさの、じつに綺麗な蠟石の珠が一つをさまつてゐた」。

後で聞いて判つたのだが、そのおばあさんが、どういふわけか中風で寝てからその珠をしよつちゆう撫でまはしてをつたさうだ。それで後にこのおばあさんを記念するのには、この珠がいちばんいゝといつて、孫に当る人がその祠の中に収めたのだとか。そのころとしてはずゐぶん新しい考へ方であつた。

その美しい珠をそうつと覗いたとき、フーッと興奮してしまつて、何ともいへない妙な気持になつて、どうしてさうしたのか今でもわからないが、私はしやがんだまゝよく晴れた青い空を見上げたのだつた。するとお星様が見えるのだ。今も鮮やかに覚えてゐるが、じつに澄み切つた青い空で、そこにたしかに数十の星を見たのである。昼間見えないはずだがと思

つて、子供心にいろ〳〵考へてゐた。（中略）

そんなぼんやりした気分になつてゐるその時に、突然高い空で鵯《ひよどり》がピーッと鳴いて通つた。さうしたらその拍子に身がギュッと引きしまつて、初めて人心地がついたのだつた。

幽冥界への関心

このような経験を持つ一方、神職であった父の影響で神道や国学に親しみをもっていた一〇代後半の柳田が松浦の幽冥界への強い関心に惹きつけられなかったはずはない。一九〇九年、三四歳の柳田がこれを突き放したような表現で語ったとしても、それ以前、それ以後の柳田がつねに同じ姿勢をもっていたと信じる理由はない。

『日本の祭』（一九四二年）、『神道と民俗学』（一九四三年）、『先祖の話』（一九四六年）を書いていた頃の柳田は、幽冥界を知り信じようとする思想にもっと好意的だったようだ。『先祖の話』では、松浦辰男について次のように述べている（定本第一〇巻）。

日本の学界で幽冥道の問題に注意し始めたのは、平田篤胤翁の頃からと、言ってもよいほどに新しいことであつたが、その多くの人はやはり同じ考へ方に傾いて居た。幽界真語といふ類の見聞録は数多く出て居て、多いが為に却つて訝かしい不一致が暴露するのを、何とかして信じられるものにしたいと願ふ学者たちは、さういふ糟みたやうな部分を払ひのけて、後に残つた共通の資料の中から、大よそ又是に近い結論を導いて居た。私が教を請けた松浦萩坪先生なども、其信者の一人であつた。御互ひの眼にこそ見えないが、君と自分とのこの空間も隠世《かくりよ》だ。我々の言ふことは聴かれて居る。することは視《み》られて居る。それだから悪いことは出来ないのだと、かの楊震の四知のやうなことを毎度言はれた。

楊震というのは、後漢の時代の政治家で賄賂をもらう時に、「天知る、地知る、我知る、子知る」と言ってこれを拒んだとされる人物である。「萩坪翁追懐」の「独りで居ても卑しい事は出来ぬ」というのと同じ主旨の言葉だ。

柳田民俗学の原点、「幽冥談」

平田篤胤から松浦辰男のような人々に引き継がれていったような「幽冥界」を探究し信仰するという姿勢に、柳田は半ば共鳴していた。一九〇五年に書かれた「幽冥談」という文章にそれはよく現れている。なお、この文章は著者自身の意思により『定本柳田国男集』には収録されていないが、文庫版『柳田国男全集』(ちくま文庫、第三一巻、一九九一年)に収録されている。そこでは、平田篤胤あたりに始まり多くの人々に受け継がれ、松浦辰男もその継承者となった「幽冥論」の系譜が共感をもって紹介されている。

例として「天狗」があげられている。仏教に影響され、中国の文献に影響されている天狗だが、その背後には日本古来の信仰があると柳田は主張する。そしてそれは「幽冥教」だという。外来のものの影響にまぎらわされず、主流の文化によって放逐され歴史文書から追い出されがちな幽冥教の真実をとらえるべきだ。その手がかりは平田篤胤の書だ。篤胤や幕末の神道家の「事業の中でいちばん大きいのはむしろ幽冥の事を研究した点にある」という。では、「幽冥論」とは何か。

この世の中には現世と幽冥、すなわちうつし世とかくり世というものが成立している。かくり世からはうつし世を見たり聞いたりしているけれども、うつし世からかくり世を見ることはできない。たとえば甲と乙と相対坐している間で、吾々が空間と認識しているものがことごとくかくり世だというのである。

これに続いてこの幽冥論は大いにモラルに関わるものであることが述べられる。これは松浦辰男について柳田が注目している点と重なり合う。

それへ持って来て、かくり世はうつし世より力の強いもので、罰する時には厳しく罰する、褒《ほ》める時にはよく褒める、ゆえに吾々はかくり世に対する怖れとして、相対坐しておっても、悪い事はできない、何となればかくり世はこの世の中に満ち満ちているからである。

幽冥論を問うという立場

では、柳田は幽冥教、幽冥論を信じているのか。また、幽冥教、幽冥論をどう受け止めようというのか。この文章の末尾近くには「この頃は僕も非信者の一人になっているから研究が進まないが、いつか戯談でなく大いに研究してみようと思う」とある。これが四、五年後には『後狩詞記』『石神問答』『遠野物語』などによって形をなし始める柳田の民俗学、あるいは「郷土研究」ということになる。そこで目指すべきものを柳田は、「これには必ずプリンシプル、一の原則が存在していることと信ずる」、つまりその原則を明らかにすることであるという。ギリシアではこの「プリンシプル」にあたる「神道」が衰微してしまった。だが、「日本は幸いにそう衰えない」と言い、こう結ばれている。

現今二三十年の間こそかくのごときありさまでいるけれども、現に二人ないし三人なり本当の信者はあるし、これから盛んになる形跡を示されているのであるから、希臘《ギリシア》の神道から見れば日本の幽冥教の方が有望の事と思っている。

この文章で柳田は「妖怪学」を起こし迷信排除を目指した井上円了に度々言及しており、幽冥教への批判が強いことを十分意識している。冒頭でも「幽冥教は公益に害のあるもの」という評言を否定することなくそのまま引いている。「こっくりさん」「催眠術」「千里眼」などの近代的な怪異現象・不思議現象への関心は一八八〇年代の半ば頃から西洋の影響も受けながら活性化し、明治後期にはかなりの注目を集めていた（一柳廣孝『〈こっくりさん〉と〈千里眼〉——日本近代と心霊学』講談社選書メチエ、一九九四年）。それらを横目に見ながら、柳田は本来的な「幽冥論」を明らかにすることに使命を感じるようになっていたことが知れる。幽冥教を自ら信じてはいないが、日本の宗教・道徳の根本を明らかにするために重要だという考えである。

『遠野物語』は幽冥論の新展開

郷土会が結成され（一九一〇年）、続いて『郷土研究』が刊行される（一九一三年）頃から形をなしていく柳田国男の民俗学の初期の著作は「幽冥談」で予告されたものを形にしたものと言うことができる。とりわけ『遠野物語』（一九一〇年、定本第四巻）はその後、近代の古典としての地位を得るようになった名著だ。そこでは「幽冥論」の世界が、すなわちすぐ身近にあって頻繁に行き来がなされるような近い他界、また生者の世界にすぐ隣りあっていて霊的他者とともにある世界が如実に描き出されている。

『遠野物語』は岩手県遠野郷の民譚を収拾した佐々木喜善に依拠しながら、民衆の「幽冥教」の世界を描き出したものだ。それは、神や妖怪に関わる書物だが、また、他界観、霊魂観に深く関わる書物でもある。異界、他界の存在として、今なお崇敬される神々や河童・天狗のように落ちぶれた神々とともに、死者も度々登場する。全一一九節の内の九九節を見よう。津波で死んだ妻と出会う男の話である。

土淵村の助役北川清と云ふ人の家は字火石《ひいし》に在り。代々の山臥《やまぶし》にて祖父は正福院と云ひ、学者にて著作多く、村の為に尽したる人なり。清の弟に福二と云ふ人は海岸の田の浜へ壻に行きたるが、先年の大海嘯《おほつなみ》に遭ひて妻と子とを失ひ、生き残りたる二人の子と共に元の屋敷の地に小屋を掛けて一年ばかりありき。夏の初めの月夜に便所に起き出でしが、遠く離れたる所に在りて行く道も浪の打つ渚なり。霧の布《し》きたる夜なりしが、その霧の中より男女二人の者の近よるを見れば、女は正しく亡くなりし我妻なり。思はず其《その》跡をつけて、遥々と船越村の方へ行く崎の洞ある所まで追ひ行き、名を呼びたるに、振返りてにこと笑ひたり。男はと見れば此も同じ里の者にて海嘯の難に死せし者なり。(以下略)

話しかけたり追いかけたりするが「ふと死したる者なりしと心付き、夜明まで道中に立ちて考へ、朝になりて帰りたり」というものだ。

死者に関わるものではないが、生と死の世界の隣接性、一体性を語る話もある。一一一節は姥棄ての話である。

山口、飯豊《いいで》、附馬牛《つくもうし》の字荒川東禅寺及火渡《ひわたり》、青笹の字中沢並に土淵村の字土淵に、ともにダンノハナと云ふ地名あり。その近傍に之と相対して必ず蓮台野と云ふ地あり。昔は六十を超えたる老人はすべて此蓮台野へ追ひ遣るの習ありき。老人は徒《いたずら》に死んで了ふこともならぬ故に、日中は里へ下り農作して口を糊《ぬら》したり。その為に今も山口土淵辺にては朝《あした》に野らに出づるをハカダチと云ひ、夕方野らより帰ることをハカアガリと云ふと云へり。

遠野郷の民譚を通して、死と生、死者と生者が隣りあわせに居てすぐに顔を合わせるというような世界を柳田は描いている。生から死へ、死から生へと転換していく円環的な死生観、永遠回帰的な時間意識といってもよいだろう。それは幽冥論の捉えようとするものの重要な一角を占めるものだった。

三　折口信夫――「古代研究」を目指す自己

円環的永遠回帰的な時間意識

死と生、死者と生者が隣り合わせに居てすぐに顔を合わせるというような世界、生から死へ、死から生へと転換していく円環的な死生観、永遠回帰的な時間意識ということでは、柳田にやや距離を取りながらも、柳田の民俗学の道に付き従う弟子と自覚していた折口信夫も関心を共有していた。

一九二〇年に著され、二九年に刊行された『古代研究　民俗学篇1』（『折口信夫全集』〔以下、全集と略す」第二巻）の冒頭に収録された「妣《はは》が国へ・常世《とこよ》へ――異郷意識の起伏」は日本・沖縄の民俗文化に見られる円環的、永遠回帰的な時間意識を巧みに表現した名文としてよく引用されるものだ。

> 十年前、熊野に旅して、光り充つ真昼の海に突き出た大王个崎の尽端に立つた時、遥かな波路の果に、わが魂のふるさとのある様な気がしてならなかつた。此をはかない詩人気どりの感傷と卑下する気には、今以てなれない。此は是、曽ては祖々《おやおや》の胸を煽り立てた懐郷心（のすたるぢい）の、間歇遺伝（あたゐずむ）として、現れたものではなからうか。
>
> すさのをのみことが、青山を枯山《カラヤマ》なすまで慕ひ歎き、いなひのみことが、波の穂を踏んで渡られた「妣《ハヽ》が国」は、われ〳〵の祖《おや》たちの恋慕した魂のふる郷であつたのであらう。いざなみのみこと・たまよりひめの還りいます国なるからの名と言ふのは、世々の語部の解釈で、誠は、かの本つ国に関する万人共通の憧れ心をこめた語なのであった。

「アタヴィズム atavism」は「先祖返り」「隔世遺伝」などの訳語が与えられる用語。予期せぬ時に古い思考や情念が蘇ってくる人間精神のあり方に注目している。ジェイムズ・フレイザーの『金枝篇』（*The Golden Bough*）を英語で読んでいた折口の素養をのぞかせる叙述だ。この異郷願望を「父の国」と言わずに「母の国」とよんだのは、母権時代の記憶による、あるいは「異族結婚（えきぞがみい）によく見る悲劇風な結末」が影響したのではないかと折口は論じている。外婚制 exogamy への言及は、欧米で一八九〇年代から一九一〇年代にかけて大きな影響力をもったトーテミズム論の影響を強く受けていることを示している。

「トーテミズム」と理解された未開宗教では、各氏族がそれぞれに先祖と信じられた動植物と自らを一体と感じている。各氏族はツル氏族であったり、キツネ氏族であったり、ヘビ氏族であったりする。そして結婚するときは、異氏族の相手を選ばなくてはならない。だが、育つと父の氏族に戻るのが通例だったかもしれない。ツルの母が去っていく「夕鶴」の物語や、キツネの母が去っていく「信太妻《しのだづま》」の物語は、トーテミズム時代のツル氏族の母、キツネ氏族の母との別れの記憶を写し出しているのかもしれない。スサノオノミコトがイザナミのいる死者の国へ行きたいと嘆いたのも、トーテミズムに伴う外婚制と関わるものではないか。折口はそう考えていた。

故郷、未知の国、死者の世界

折口はまた、「妣が国」が過去の故郷への思いと結びつくのに対して、古代文献では次第に未知の国への憧れが表現されるようになってくるという。記紀神話の用語ではこれは「常世」という語で表現されている。「過ぎ来た方をふり返る妣《ハヽ》が国の考へに関して、別な意味の、常世《トコヨ》の国のあくがれが出て来た。ほんとうの異郷趣味（えきぞちしずむ）が始まるのである」。だが、この「常世」という語の語源には「常夜《トコヨ》」という意識があったはずだと折口は論じる。「併しまう一代古い処では、とこよが常夜《トコヨ》で、常夜経《トコヨユ》く国、闇《クラ》かき昏す恐しい神の国と考へて居たらしい」。

これは本居宣長が「常世の長鳴き鳥」の「とこよ」は「常夜」の義だとし、また「死の国」と解したのを踏襲するものだ。そしてそれは死者の国としての記紀の「よみの国」に連なるものだと折口は論じていく。

ほんとうに、祖々を怖ぢさせた常夜は、比良坂の下に底知れぬよみの国であり、ねのかたす国であつた。いざなぎの命の据ゑられた千引きの岩も、底の国への道を中絶えにすることが出来なかつた。いざなぎの命の鎮りますひのわかみや（日少宮）は、実在の近江の地から、逆に天上の地を捏《デツ》ちあげたので、書紀頃の幼稚な神学者の合理癖の手が見える様である。尤、飛鳥・藤原の知識で、皇室に限つて天上還住せしめ給ふことを考へ出した様である。

このように他界観が変化しながら死者の国、神の国、故郷の国、彼方の理想の国といった意味を含みもってきたことを語っていくのだが、またそれは世代を超えていのちが継承され、永遠に受け継がれていくという信頼感を伝えていくこととしても捉えられている。この文章では「祖」「祖々」という語が度々用いられている。そのようにして「古代」が現代に入り込んでくる、そのような意識のあり方を折口は表現しようとしていた。そもそもこの文章の書き出しが次のようなものだった。

われ〳〵の祖《オヤ》たちが、まだ、青雲のふる郷を夢みて居た昔から、此話ははじまる。而も、とんぼう髷《マゲ》を項《うなじ》に据ゑた祖父《ヂヾ》・曽祖父《ヒヂヾ》の代まで、萌えては朽ち、絶えては蘖《ヒコバ》えして、思へば、長い年月を、民族の心の波の畦《ウネ》りに連れて、起伏して来た感情ではある。

したがって古代は自己の中に見出される。『古代研究　民俗学篇1』の冒頭を飾る「妣《はは》が国へ・常世《とこよ》へ――異教意識の起伏」は、記紀や万葉集に主な素材を求めた文章で、文学的直観による鋭い洞察が目立つ。

まれびと神の信仰

文学的手法と民俗学的手法という点ではねじれているようだが、同年に刊行された『古代研究（国文学篇）』（全集第一巻）の冒頭「国文学の発生（第三稿）――まれびとの意義」では、むしろ現在も見られる民俗の観察を通して「古代」的な円環的な死生観、永遠回帰的な時間意識が示されていく。「まれびと」は漢字の「客」にあてられる語だが、実は異郷から訪れる神の意味をもつというのがこの文章のライトモチーフだ。

私は此章で、まれびとは古くは、神を斥《サ》す語であつて、とこよから時を定めて来り訪ふことがあると思はれて居たことを説かうとするのである。幸にして、此神を迎へる儀礼が、民間伝承となつて、賓客をあしらふ方式を胎《はら》んで来た次第まで説き及ぼすことが出来れば、望外の欣《よろこ》びである。

神や精霊が訪れて、唱え言をしたり歓待を受けたりする行事が全国に伝わっている。霜月の長い夜に訪れて村人とともに踊り未来を言祝ぐ神や鬼（奥三河地方の「花祭り」など）、蓑笠をつけたり怖い面をかぶって子どもを脅したりする「なまはげ」など。沖縄の八重山では海の彼方の「まやの国」から「蒲葵《クバ》の葉の蓑笠で顔姿を隠し、杖を手にしたまやの神・ともまやの神の二体が、船に乗つて海岸の村に渡り来」て、「家々の門を歴訪して、家人の畏怖して頭もえあげぬのを前にして、今年の農作関係の事、或は家人の心を引き立てる様な詞《ことば》を陳《の》べて廻る」。

同じ八重山郡島の中には「まやの神」のかわりに「にいる人《ビツ》」とか、「赤また、黒また」といった怪物が訪れる祭が行われる地域もある。そこでは海岸に「なびんづう」とよぶ岩窟があって神聖視されており、そこから出現すると信じられている。「なびんづう」は海の彼方、あるいは海底の異世界である「にいるすく」に通じると考えられている。

神・先祖と生者が集う祭

「にいるすく」は沖縄本島の「にらいかない」と同等のものだ。「沖縄本島のにらいかないは、琉球神道に於ける楽土であつて、海のあなたにあるものと信じて居る地だ。さうして人間死して、稀に至ることもあると考へられた様である」。「琉球神道の上のにらいかないは光明的な浄土である。にも拘らず、多少の暗影の伴うて居るのは、何故であらう」。これは神の国であるとともに死者の国でもあることを示唆しようとしたものだろう。

　このように「にらいかない」の話をはさんで、折口は再び八重山に話を戻し、祖霊の祭について述べる。
村々の多くは、今も盂蘭盆に、祖先の霊を迎へて居る。此をあんがまあと言ふ。考位《ヲトコカタ》の祖先の代表を謂ふ大主前《オシュマイ》・妣位《ヲンナカタ》の代表と伝へる祖母《アッパア》と言ふ一対の老人が中心になつて、眷属の精霊を大勢引き連れて、盆の月夜のまつ白な光の下を練り出して来る。どこから来るとも訣らないが、墓地から来るとは言はぬらしい。小浜島では、大《オホ》やまとから来ると言うて居るから、海上の国を斥《サ》すのであらう。あんがまあと言ふ名称も、私は其練り物の名ではなく、まや・にいる同様、其本拠の国の称へであらうと思ふよしは、後に言ふ。

「後に言ふ」というのは数行あとの以下の部分だ。「あんがまあ」の語源は「親しい母」の意味で、「我が古代語」の「妣が国」にあたる。「妣が国」も「海のあなたにあるものとして居たことは疑ひがない」。だから、群行する先祖は神の国から来たと信じられていたのだろうと折口は言いたいのだ。

このように一九二〇年代の折口は「まれびと」の信仰と「妣が国」の信仰を結びつけ、死者の国からやってくる神＝先祖と生者がふれあう機会として沖縄の祭、日本の祭を見ていた。また、それを「国文学の発生」の原点にあるものと見ていた。

だが、折口の場合に特徴的なのは、古代的なものと近代人である自己の関係についてたいへん意識的であることだ。だから、古代的な円環的永遠回帰的な時間意識にそのまま戻ることはできないと考えていた。集団統合の中にある人々の意識と集団統合からはみ出た人々の意識とには開きがある。後者の意識を担うのが「文学」であり、その文学の立場にいる自らの位置から古代的な信仰を研究しているというのが折口の自覚である。集団の信仰世界にはそのまま入れない懐疑する近代的自意識の位置から、個人として、また新たな時代の信仰として納得できる神のあり方を求めて苦闘する知識人。折口は近代教養人にはお馴染みのそのような立場に自己を位置づけていた。

初期の折口から見ると柳田国男には、このような近代人として信仰の革新を求めて歩む苦闘の意識が欠けているように見えた。一九四七年に書かれた「先生の学問」(全集第一六巻)では、柳田の学問に出会って「待ち望んでゐた学問に行きあつた」と思うと同時に、「其喜びもはつきりしなかつた」ことをほのめかしている。当時の柳田の学風は「暗示に富んだ、其でゐて、まだ暗示の具体化せられきつてゐなかつた」ところに不満を感じたという。「世間の人には、何か物好きなやうな感じを持たせたことは、事実です。其が、世間の先生の学問に対する反感として長く続きました」とも言っている。信仰の原型を求めているようでありながら、それは傍観者的であり遊びのようにも見えて、真剣に自己の信仰のありかを求める、あるいは信仰が欠如した自らの心のありかを見つめるもののようには見えなかったということだろう。

古代の神々の死と復活

集合的な信仰世界を解き明かしていく柳田に欠けているものを、折口は数年年長の文人岩野泡鳴（一八七三―一九二〇）やロシアの文筆家ディミトリー・メレシュコフスキー（一八六五―一九四一）に見いだした。そこに柳田には欠けた真剣な実存的パッションがあると感じたようだ。一九三八年の「寿詞《よごと》をたてまつる心々」（全集第二九巻）では泡鳴の『悲痛の哲理』、メレシュコフスキーの『背教者ユリアヌス』について次のように述べている。

故人岩野泡鳴が『悲痛の哲理』を書いたと前後して、『背教者じゅりあの―神々の死』が、初めて飜訳せられた。此二つの書き物の私に与へた感激は、人に伝へることが出来ないほどである。（中略）

じゅりあん皇帝の一生を竟《お》へて尚あとを引く悲劇精神は、単なる詩ではなかつた。古典になじんでも、古代人の哀しみに行き触れない限りは、其は享楽の徒に過ぎない。（中略）

私一己にとつては、じゅりあん皇帝を扱つためれじゅこふすきい氏の文学は、文学と言ふよりは、生活として感じられた。精神として感じられた。つまり史学よりも、もつと具体的な史学として、我が大和・寧楽《なら》に対する比較研究の情熱を促したのであつた。「古代人の哀しみ」とか「神々の死」が何を表すのか、ここで詳しく紹介するゆとりがない。だが、それが「文学の発生」に関わるものであるとともに、円環的死生観や永遠回帰的な時間意識が破れるような局面に関わるものであることは容易に推測していただけるだろう。

折口の国文学研究の文脈では、それは古代の信仰や神話的な思考から文学的な思考が分化してくるプロセスに問いを向けることであった。記紀神話の世界から詩歌や物語の文学へ、すなわち「国文学の発生」である。そこを明らかにしていくことで、古代的な信仰と自己との距離をどう超え、どう両者を関係づけていくのかが見えてくるはずのものと考えられていた（島薗進「折口信夫における『民族論理』論の形成」東京大学大学院人文科学研究科修士論文、一九七四年、長谷川政春「解説・折口信夫研究」、折口信夫『古代研究V』角川文庫、一九七七年、所収、参照）。

神話を語る巫覡から語部へ

「古代研究」という枠組でいうと、神話的伝承が丸ごと信じられていた古墳時代、飛鳥時代から、記紀神話が文書にまとめられるとともに歴史書が編纂され、また万葉集のように個人意識をもった詩人が多数認知される天武・持統朝、さらには天平時代までの宗教意識の変化が想定されることになる。「国文学の発生」第一稿、第二稿にその内容が見られる（全集第一巻）。

まず神話的な言葉を語る存在として、「巫覡《ふげき》」から「語部《かたりべ》」への移行が想定されている（第一稿）。それは国家以前の共同体からそれらが併合されてやがて国家へと展開していく過程の第一段階だ。

郡ほどの大きさの国、邑《むら》と言うてもよい位の国々が、国造・県主の祖先に保たれて居た。上代の邑落生活には、邑の意識はあつても、国家を考へる事がなかつた。邑自身が国家で、邑の集団として国家を思うても見なかつた。隣りあふ邑と邑とが利害相容れぬ異族であつた。其と同時に、同族ながら邑を異にする反撥心が、分岐前の歴史を忘れさせた事もあらう。かう言ふ邑々の併合の最初に現れた事実は、信仰の習合、宗教の合理的統一である。邑々の間に厳に守られた秘密の信仰の上に、霊験あらたなる異族の神は、次第に、而も自然に、邑落生活の根柢を易《か》へて行つたのである。飛鳥朝以前既に、太陽を祀る邑の信仰・祭儀などが、段々邑々を一色に整へて行つたであらう。（第一稿）

このように地域共同体を超えた神が広がってくるのに並行して、巫覡の中から「伝誦」を職掌とする世襲職が分化してくる。「神懸《ガ》りの時々語られた神語の、種族生活に印象の深いものを語り伝へて居る中に」、神への奉仕よりも「詞句の暗誦と曲節の熟練」の方に力点がある人々が「かきべ」として成立してくる。これが「語部《かたりべ》」だという。

語部から漂泊伶人へ

続いて今度は、語部が豪族の保護から独立し、土地をも離れて漂泊の身となっていく過程があったという。

邑々の語部が、段々保護者たる豪族と離れねばならぬ時勢に向うて来る。豪族が土地から別れる様になるまでは、邑々の語部は、尚、存在の意味があつたのである。神と家と土地との関係が、語部の叙事詩を語る目的であつた。家に離れ、神に離れた語部の中には、土地にも別れねばならぬ時に出くはした者もある様である。自ら新様式の生活法を択んだ一部の者の外は、平安朝に入つても、尚、旧時代の生活を続けて居た事と思はれる。

土地に止まるにしろ漂泊の身になるにしろ、語部の口頭伝承は神殿から離れて芸術の要素、エンターテインメントの要素を広げていく。このあたりは万葉集や記紀・風土記の歌謡などを折口なりに分析したものだろう。

家庭に入って諷諭詩風な効果を得ようとした事も、推論が出来る。一族の集会に、家の祖先の物語として、血族の間に伝る神秘の記憶や、英邁な生活に対する惝怳《しようけい》を新にした場合なども、考へることが出来る。神との関係が一部分だけ截り放されて、芸術としての第一歩が踏み出されるのであつた。書物の記載を信じれば、藤原朝に既に語部が、邑・家・土地から游離して、漂泊伶人としての職業が、分化して居た様に見える。

この「漂泊伶人」について、「国文学の発生（第二稿）」では、「神々の死」とか「神々のむくろ」という言葉を用いて説明しているのが興味を引く。伝統的な共同体が解体して、その神々は一度死ぬ。そのむくろを抱いて漂泊する詩人が生まれる。ここに文学の発生の初原的な姿を見ようというのだ。

神人が大檀那なる豪族の保護を失ふ理由には、内容がこみ入って居る。神を守つた村君が亡びた事、そして村君の信仰の内容が易《かわ》つた事。此にも、内わけが三つ程に考へられる。倭本村の神をとり入れるか、飜訳して垂跡風にした類（一）。弱い村・亡びた村の出《デ》であつても、新来神《イマキガミ》として畏敬せられた類（二）。同じ類にあげる事も出来る所の、道教の色あひを多分に持つた仏教（三）。此信仰の替り目に順応する事の出来なかつた地方では、段々「神々の死」がはじまつて来た。さうした神々のむくろを護りながら、他郷に対しては、一つの新神があると言ふ威力を利用して、本貫を抜け出す者が、後から〱と出た。

孤独な漂泊者としての自意識

語部が出たのは「万葉びと」の時代、放浪する孤独な詩人や芸能者が出たのは「神々の死」の時代という想定だ。これがどのような資料に基づいたものか、またどれぐらい的確なものか私には判断する力がない。だが、重要なのは折口が円環的永遠回帰的な「古代」の時間意識や死の意識から新たな文学的な時間意識や死の意識が生じると見ていたことである。折口は共同体から放逐された個の意識にこだわり、そこから死を捉えようとする観点をもっていた。

その背景には、折口自身が共同体を放逐された者という、マージナルマンとしての自己意識を強く抱いていたという事実がある。一九二五年に刊行された最初の歌集『海やまのあひだ』冒頭にある「葛の花　踏みしだかれて、色あたらし。この山道を行きし人あり」は、折口の代表的な短歌作品として知られている。この歌は『海やまのあひだ』という歌集のタイトルとも合致し、漂泊の徒、あるいは孤独な旅人に自らの心情を託すものである。

一九二〇年に発表された「零時日記（Ⅱ）」（全集第二八巻）には、安定した傍観者の位置から宗教に距離を取ることができると考えている学者たちを批判した次のような一節がある。

宗教心がなくても、安心して暮して行けるのは、今の世の学者先生自身ばかりである。どんな脅しに対しても保障してくれて居る権力が控へて居り、学問其他の色々な遁げ道を持つて居る幸福な人々に、どんな神が、奇蹟を現すことが出来るだらう。針のみぞを駱駝に通らせる者は、金持ちの外に、今の世の学者を加へてもよい。今も尚、慰められない霊が、国の中に充ちて居ることは、書斎の瞑想から出ると、汽車や車が待つて居るのでは、知れようはずはないのである。

そして、それに続いて、放浪の宗教者の心情について共感を込めて述べている。自ら学者であるとともに詩人であり、求道者であることを強く意識し続けた折口ならではの叙述と言えるだろう。

沢山の辺土順礼の大方は、遺言も出来ぬ旅で死んだ。枯れ野の夢を見るだけのゆとりもない心が、生きた時の儘で、野山に迷うて居る。遊び半分に出て札所をすませば戻る者の方が多いのだと思うては違ふ。平野の国から、もつと、山又山の奥在所に踏み入つて見るがよい。到る処の崖や原に、柴を投げる場処があつて、そこに果ての歩みにいきついた行者・順礼・高野聖などの、名も知られずに消えて行つた、行路死者の記憶を留めて居る。村人たちは、其友びきを恐れてかうするのだ、と言ふ。旅に死んだ者が、其が尋常の病ひであつても、変死人に扱はれ勝ちであつた。

　私は、さういふ道の隈々に彳《たたず》んで、白い着物の男女の後姿を目にした。杖の尖《さき》や、鈴の音の耳に響くを感じた。

孤独な漂泊者に共鳴し自らをそれになぞらえようとする、このような自己意識のありかたは柳田国男にはなかった。円環的な死生観、永遠回帰的な時間意識に近づきつつも、それに距離を感じる折口は、早くからその自己意識を反映するような民俗学の形成を試みていた。

四　固有信仰論に世代間連帯の思想を見る

日本民族の宗教原型解明

一九二〇年代から三〇年代にかけて柳田国男と折口信夫は、ともに民俗信仰を通して、日本独自の宗教原理を明らかにするという目標に探究のエネルギーを注いでいくようになる。信仰（心意現象・心意伝承）の究明にこそ民俗学の究極の目的があるとの考えを述べ、自らの解答を提示しようとする。そして、柳田も折口も民間信仰を重視しつつも、天皇あるいは皇室の宗教性に強い関心を向ける。折口の場合、「神道に現れた民族論理」（一九二八年）、「大嘗祭の本義」（一九二八年）等が代表的な論考だが、死生観という点では複雑なので後で論じることにする。

他方、柳田国男は一九三〇年代以降、「固有信仰」とは何かの究明に力を注ぎ、ある意味で分かりやすい死生観論述を進めていった。それらは敗戦前後に『日本の祭』、『神道と民俗学』、『先祖の話』等の著作に結実する。この章の初めに見たような戦後の民俗学的な日本宗教論はこれらに大きな影響を受けている。死生観論述の歴史という点からも、この時期の柳田国男の著作はたいへん重要な意義をもっている。川田稔の的確なまとめにそって述べていこう（『柳田国男――「固有信仰」の世界』未来社、一九九二年）。

固有信仰としての氏神信仰

各民族はそれぞれの「祖先以来の信仰」をもっている。それが固有信仰である。「今後如何なる分業が民俗学の中に行はれようとも、この根源の一つの問題即ち家と先祖の祭といふことだけには、すべての研究者の関心が集注せざるを得ぬのであります」(「神道と民俗学」定本第一〇巻)。「家と祖先の祭」というのは、また村の「統合の中心」にもなったものであり、「氏神信仰」の語に要約できる。

我々日本人の固有信仰は、昔から今に一貫して、他には似たる例を見出さぬほど、単純で潔白で又私の無いものであつた。欽明天皇の十三年、仏像経巻が進献せられてよりこの方、大小さまぐ〵の宗教は次々に、外から入つて来れば又国内にも結成せられて、それを信じた人の記録ばかりが、いやが上にも積み重ねられて居るが、しかも彼等の側から見て、不信者と呼ばなければならぬ人の数は、いつの時代にも非常に多かつただけで無く、一方には又全国の隅々に及ぶまで、児が生まれて産屋の忌が晴れるや否や、先づうぶすなの御社を拝みに詣ること丶、秋毎の収穫の終りに際して、村を挙《こぞ》つて氏神の祭に、一年の歓喜を傾け尽すこと丶の二つだけは、殆ど例外も無しに現在もなほ持続して居るのである。(「日本の祭」定本一〇巻)

外来の信仰や熱心家が導くような信仰が広まるよりも前の段階にあった信仰の中核が氏神信仰

だ。この氏神信仰は神社と結びついているが、歴史的な大社名社などとは大いに異なり、名もなく、祭祀の専門家も要せぬような素朴な形態のものだった。柳田は人々の生活に密着した段階の氏神信仰の原型を描くことで「固有信仰」の姿を示そうとする。

何神何処の神と名を呼ぶのは色々あつても、村には神の森又は御宮といつて通ずるものは一つしか無かつた。二つ以上の門党が合同して大きな祭を営むやうになつて、特に鎮守といふ言葉も生まれたけれども、是は漢語だから新しい名称である。女や年寄には依然として、氏神又はうぶすなといふ名が親しみを持ち、それが又各郷土の信仰の、争ふべくも無い中心であつた。いはゆる神せゝり・仏いぢりの盛んな人たちでも、是と方々の堂宮との内外の区別はおのづから心得て居る。たとへば神を祭るには必ず神主が無ければならぬといふことは、一方では当然の常識であり、他の一方では是が無いのを普通にして居る。（同前）

氏神信仰＝先祖祭祀

専門的・職業的な神主がいないということは、当屋制（資格ある家々が輪番で祭祀を担う）のように、農家などの当主がそのまま神事を営む形の方が古い形と考えるものだ。聖職者・専門祭祀者がいない状態を原型的なものとする理解だ。そしてそのような祭祀は元来、家の祖先を祭るものだったという。氏神は氏の神であり、家の先祖であるというのだが、実際は氏神は多くの家々で共同に祭られるものだからここにはやや飛躍がある。だが柳田や柳田に学んだ多くの民俗学者や日本宗教研究者は、氏神＝家の神＝先祖の集合体という説を強く支持していくことになる。

神棚魂棚など、いふ棚なるもの、起りは、家の一区劃を祭を行ふに適《ふさ》はしい清浄な場処とする為で、ちやうど屋外の祭に砂を持ち、土を盛り上げるのと同じ趣旨だつたらうと私は思ふ。（中略）

以前の民屋の素朴な構造を考へると、先祖を祭る場処も之を外部に求める必要が多く、又は少なくとも家の内外いづれにするかといふことが、大きな問題では無かつた時代が有るのである。（中略）

氏神が本来氏の先祖を祀るものであつたことは、前人も屢〻《しばしば》之を説き、又その著しい実例が有るのみならず、今でも地方によつては家々の先祖たちが、氏神となつたものと思つて居る人は多いのだが、是を総括的に受入れられないやうな事情が、すでに幾つも現はれて居る為に、現在は是が日本の固有信仰の、最も解釈し難い問題にならうとして居る。（「先祖の話」定本第一〇巻）

死者は先祖＝神になる

氏神と先祖が一体だとするこの考え方は、祭祀を受け続けていくと、やがて死者は集合体としての先祖に融合していくという信仰があるという説によって支えられる。たとえば、「春毎に来る我々の年の神を、商家では福の神、農家では又御田の神だと思つて居る人の多いのは」それなりのわけがあるのだと論じ、それらが老人の姿を取る例を列挙しながら、さらに盆に来る祖霊を引き合いに出す。

> 盆に平和の家に還つて来る祖霊を、小児等はやはりぢいさんばあさんと謂つて居た。是は此後に述べようとする霊融合の思想、即ち多くの先祖たちが一体となつて、子孫後裔を助け護らうとして居るといふ信仰を考へ合せると、子供に親しみを持たせる為には、是より好い名は無いのであつた。さうして又我々の氏神様も、もとは屢々《しばしば》同じ老翁の御姿を以て、信ずる人々の幻覚に現はれて居られたのである。年神を我々の先祖であつたらうといふ私の想像は茲《ここ》に根ざして居る。（同前）

古来、血縁共同体の内部の神が信仰の中心にあったとして先祖祭祀の意義を強調するこのような立場は日本の民俗信仰の歴史の事実に合致したものかどうか、多くの疑問が投げかけられてきた。柳田説を支持するかに見える例はふんだんにある。だが、それだけでは説明できない例も少なくないのだ。折口信夫が捉えたように、外来の神の他者性が強く意識されているような信仰形態もあり、むしろ優勢であるかもしれない。先祖祭祀が広まったのはむしろ個々の「イエ（家）」の自律性が強まった近世以降だという立場もある。異論がいくらでも可能なのだが、柳田は血縁共同体の神こそが日本の固有信仰だと、その根源性（古さ）と統一性と独自性を強調する。

皇室祭祀と民俗信仰の一体性

柳田がこのように先祖祭祀を基軸とする固有信仰の叙述に力を入れた背後に、大嘗祭・新嘗祭を中軸とする皇室祭祀と民俗信仰との連続性、いや一体性を示したかったという動機を見るのは自然なことだろう。何よりも氏神＝先祖は「田の神」であり、稲作農耕の祭祀で祀られるべきものと考えられた。山中他界にいる「山の神」でもあるのだが、迎えられて「田の神」ともなるという春秋の移動が強調され、収穫した稲を神とともに共食することを中核とする能登の家々の「アエノコト」のような祭が、新嘗祭と同趣旨のものとして注目されもした（「日本の祭」、「神道と民俗学」）。

川田稔が的確に示しているように、これは必ずしも明治維新以降に国家が推進し、次第に国民の間に受け入れられていった国家神道の全体に、柳田が肯定的だったということを意味するものではない。常民の崇敬する氏神は特定の名前を持たない先祖の神であって『古事記』や『日本書紀』に記載されたような神々が崇敬対象というわけではないこと、天皇や国家への忠誠を示した人物への崇敬を典型とするような道徳主義的な神信仰ではないこと、内務省が組織化しようとしたような規模の大きい神社をモデルとした神道とは異なるものであることを柳田は強調する。国家神道の神は社殿に常在するようなものと考えられているが、口頭伝承で伝えられてきたような常民の信仰はそうではないことなども違いの表れとされた。だが、皇室祭祀と常民の信仰が稲の祭祀を核として共通の構造をもつことも繰り返し論じられた。そして、稲作とは結びつかない祭祀、先祖とは異なる神、血縁共同体の枠にはまらない個人的な崇敬などが無視、あるいは軽視されたのだった。

稲作儀礼と先祖祭祀の側面を極端に強調したため、柳田の描く固有信仰の像は偏ったものとなった。仏教など外来の宗教や思想の影響はことさらに軽んじられ、外面的なものにすぎないとされた。それは日本の民俗信仰の多様な諸側面を排除したものであり、その点は多くの論者によって批判されてきた。

死生観言説としての固有信仰論

だが、近代日本の死生観言説という側面から見ると、柳田の固有信仰論はたいへん重要なポイントを捉えたものであり、革新的な内実を備えたものと見ることができる。それは、近代日本人の中に円環的永遠回帰的な時間意識と死生観が濃厚に引き継がれていること、それが日本の生活者（「常民」）の文化の中で、そして大多数の人々の無意識的な文化様式の中で長く蓄えられてきたことを明らかにしたことである。

柳田はそれを「家の永続」の意識によるいのちの継続という形で理解していた。以下は第二次世界大戦後の早い時期の論述である（「嫁盗み」『婚姻の話』一九四八年所収、定本第一五巻）。家族の支え合いが人々の間でいかに重い意味合いをもったかについて述べた後、柳田は死後の生命の信仰へと話を展開していく。

それからなほ一つ、昔の日本人は死後を信じて居た。死んでも盆毎に家に還つて来て、眼にこそ見えないが子の子、孫の孫たちと、飲食休養を共にし得るといふことが、どれほどこの家の永続を切望させ、又大きな愛着を是に対して、抱かしめたのか測り知れないのである。それはちつとも当てにならぬことだと、今の人は無論否認しようとするが、とにかくに実際は人も我も、共に之を信じて居た為に、祭が真剣であつただけで無く、死の床の不安は著しく軽め得られ、それが又人生の発足の時から、ちやんと計算の中に入つて居たことは、今なら我々は幾らでも証拠が挙げられる。

このような死後の霊魂の存続と先祖から子孫への連続の意識をもっていたのが日本の「常民」だったのだが、今やまずは知識人からそうした意識を失っている。それは道徳観の基礎を失うことにもなる。

世代間の連帯

上に引用した部分を受けて柳田は次のように述べていく。

何かその代りになるべきものを見付けようとして、まじめな人たちは大分苦労して来たが、それには信仰も哲学も皆個人的な教化であつて、この小さな集団を永続させる力は無く、寧ろ無知なる人々の古風墨守を、羨んでよいやうな場合が多かつた。殊に悲しいことは一つの解決も無く悟りも無くて、忘れたり茶化したり、たゞ現在だけの為に活きようとする者の多くなつたことである。

なお、柳田は日本の「常民」にとって先祖への崇敬や「先祖になる」という信仰と「生まれ代り」の信仰とは矛盾しないという。死者がまた同じ家に生まれかわって来るという信仰がしばしば見られるからだ。生まれ代わりや輪廻転生というと、孤独な霊魂がまったく異なる環境に生まれかわると考えられがちだが、日本の「常民」の場合は身近な血縁の人々の間に再び生まれてくるという信仰なのだという。しかし、円環的な死生観や永遠回帰的な時間意識というのは、主に生まれかわりの信仰から形作られるのではない。むしろ、世代間の連帯（団結）と理解することもできるのだ。

人の霊魂がもしも死と共に消えてしまはぬものならば、必ず生きてゐた間の最も痛切な意思、即ち子孫後裔の安全の為に、何か役に立たうといふ念慮ぐらゐは、いつ迄も持ち続けられるだらうと、昔は生きてゐるうちから、さう思つてゐた者が多かつたのである。我が邦固有の神の信仰には、かういふ推理の基礎があり、無言の結束への期待があり、これに対する無限の感謝があつて、各人思ひ思ひの祈願は無く、且つ又何でもかでも有るだけの欲望をすべて

叶へて下さるものとも、始めから信じてはゐなかつた。(「田社考大要」定本第一一巻)

家永続の願い

一九四六年に刊行された『先祖の話』の最終節(八一節)では、移民にとっても「家の永続」という観念が重い意義をもつであろうとし、「縦の団結」について述べている。第二次世界大戦の終了後、伝統からの断絶を強く感じている人々の心情を察しながらの論述である。

淋しい僅かな人の集合であれば有るだけに、時の古今に亘つた縦の団結といふことが考へられなければならぬ。未来に対してはそれが計画であり遺志であり、又希望であり愛情である。悉く遠い昔の世の人のした通りを、倣ふといふことは出来ない話だが、彼等はどうして居たかといふまでは、参考として知つて置くのが強味である。古人は太平の変化少なき世に住んで、子孫が自分の先祖に対するのと同一の感じを以て、慕ひ懐かしみ迎へ祭るものと信ずることが出来た。(中略)日本の斯うして数千年の間、繁り栄えて来た根本の理由には、家の構造の確固であつたといふことも、主要なる一つと認められて居る。さうして其大切な基礎が信仰であつたといふことを、私などは考へて居るのである。

「家永続の願ひ」については、すでに一九三一年に刊行された『明治大正史　世相篇』(定本第二四巻)でまとまった叙述がなされていた。その書き出しはよく知られたものだが、今読んでも印象的である。とりわけ二〇一一年の東日本大震災を経て、津波や原発災害のために墓や遺骨や位牌が失われたり、アクセス困難になった方々の歎きが伝えられるのを見聞した後ではそうである。

珍しい事実が新聞には時々伝へられる。門司では師走なかばの寒い雨の日に、九十五歳になるといふ老人が只一人傘一本も持たずにとぼ〳〵と町をあるいて居た。警察署に連れて来て保護を加へると、荷物とては背に負うた風呂敷包みの中に、たゞ四十五枚の位牌があるばかりだつたといふ記事が、ちやうど一年前の朝日新聞に出て居る。斯んな年寄の旅をさまよふ者にも、尚どうしても祭らなければならぬ祖霊があつたのである。

続けて柳田はこの老人の生き様の背景にあるものを「家永続を希《ねが》ふ心」と述べている。この老人は死を超えて存続する何かを大切にしているのであり、それは自らの生命が他から切り放されて孤立した個物ではなく、死生を反復しつつ永続していく、もっと大きな集合体に連なる何ものかであると感じているのだろう。

イエの団結の歴史性とその宗教性

そこに先祖が子孫を護るのを期待する若い世代、死んでも子孫とともにいることを期待する高齢世代がくり返されていく基盤がある。

我々の祖霊が血すぢの子孫からの供養を期待して居たやうに、以前は活きた我々も其事を当然の権利と思つて居た。死んで自分の血を分けた者から祭られねば、死後の幸福は得られないといふ考へ方が、何時の昔からとも無く我々の親達に抱かれてゐた。家の永続を希ふ心も、何時かは行かねばならぬあの世の平和のために、是が何よりも必要であつたからである。是は一つの種族の無言の約束であつて、多くの場合祭つてくれるのは子孫であつたから、子孫が祭つてくれることを必然と考へ、それを望み得ない霊魂が淋しかつたのであらう。(同前)

こうした叙述を通して柳田が述べている日本の「常民」の信仰や行動様式は、「イエ(家)」という単位集団に集約された「世代間の連帯」の意識を結晶化させたものと言えるだろう。「イエ」の団結が日本列島に住む人々の全体に強い力を及ぼしたのがいつからのことなのかについてはさまざまな見方があろう。柳田が言うように、民族の始まりから一貫してそうなのか、また天皇家がそうであるように「常民」の家々もそうであるのか——これについては大いに異論がありうる。

しかし、柳田が生まれた明治初期から柳田が世を去る一九六〇年代までの時期、確かに日本社会の「イエ」の構造は強固だった。そうした堅固な「イエ」社会の体制が成立したのは、小規模農家が並存する村落構造がゆきわたった一六〜一七世紀あたりに遡るかもしれない。死生観言説が広まり始めた一九〇〇年代以降の時期を考えれば、「家永続の願い」が「日本民族の始原」以来のものと見えたとしても不思議はない。だが、それを支える「固有信仰」そのものを、柳田自身は必ずしも自らそのまま信仰していたわけではない。これは度々柳田自身告白しているところだ(川田『柳田国男——「固有信仰」の世界』未来社、一九九二年)。

魂の行くえという問いにどう答えるか

ここでは、一九四九年に公表された「魂の行くへ」（定本第一五巻）を参照しよう。その小文の末尾で柳田は、この章で私が「円環的な死生観や永遠回帰的な時間意識」とよんでいるものを、次のようにまとめている。

日本を囲繞したさまぐ〜の民族でも、死ねば途方もなく遠いく〜処へ、旅立つてしまふといふ思想が、精粗幾通りもの形を以て、大よそは行きわたつて居る。独りかういふ中に於てこの島々にのみ、死んでも死んでも同じ国土を離れず、しかも故郷の山の高みから、永く子孫の生業を見守り、その繁栄と勤勉とを顧念して居るものと考へ出したことは、いつの世の文化の所産であるかは知らず、限りも無くなつかしいことである。

そして続いて、では自分はそれをそのまま信仰するのか、という話に移っていく。柳田は自分個人にとって切実な事柄として、信仰について、また死について述べることをしなかった。他者の、また過去の死生観について客観的に述べながらそれが大切な文化遺産であり、「我々」の事柄でもあり、共同の倫理観の源泉でもあると述べるにとどまった。

自分も其教のままに、さう思つて居られるかどうかは心もとないが、少なくとも死ねば忽ちコスモポリットになつて、住みよい土地なら一人きりで、何処へでも行つてしまはうとするやうな信仰を奇異に感じ、夫婦を二世の契りといひ、同じ蓮の台《うてな》に乗るといふ類の、中途半端な折衷説の、生れずに居られなかつたのは面白いと思ふ。魂になつてもなほ生涯の地に留まるといふ想像は、自分も日本人である故か、私には至極楽しく感じられる。出来るものならば、いつまでも此国に居たい。さうして一つ文化のもう少し美しく開展し、一つの学問のもう少し世の中に寄与するやうになることを、どこかさゝやかな丘の上からでも、見守つて居たいものだと思ふ。

このようにひとまず一定の距離をとって他者の、過去の、また共同の死生観を理解し尊ぶというのに留まらず、さらにそうした死生観とのつきあい方を自覚的に深めていき、自分なりの死生観を編み出していこうとするのは、もう少し後の世代の人々だった。

五　近代人の孤独から死の意識を透視する

民族論理における聖なるものの顕現

一九二七、八年を中心に折口は日本の皇室と民俗文化に共通に見られる信仰原理を示そうとした。「神道に現れた民族論理」（一九二八年、全集第三巻）や「大嘗祭の本義」（一九二八年、同上）がその代表的な論考だ。前者について概略紹介しよう。

この論考で折口は祝詞の解釈から多くを引きだしている。祝詞において言葉に神秘的な力があると信じられるのだがそれはなぜか。従来、言霊の信仰によって説明されることが多かった。だが、折口は言霊の信仰は後世のものであり、それ以前により原型的な信仰の形態があるという。

我が国には古く、言霊《コトダマ》の信仰があるが、従来の解釈の様に、断篇的の言葉に言霊が存在する、と見るのは後世的であつて、古くは、言霊を以て、呪詞の中に潜在する精霊である、と解したのである。併し、それとても、太古からあつた信仰ではない。それよりも前に、祝詞には、其言葉を最初に発した、神の力が宿つてゐて、其言葉を唱へる人は、直ちに其神に成る、といふ信仰のあつた為に、祝詞が神聖視されたのである。そして後世には、其事が忘れられて了うた為に、祝詞には言霊が潜在する、と思ふに至つたのである。

ここでは、「祝詞には、其言葉を最初に発した、神の力が宿つてゐて、其言葉を唱へる人は、直ちに其神に成る、といふ信仰」がもっとも古い原型的なものと考えられている。それは「みこともち」という言葉によく表されているという。この言葉は天皇のことを指すのに用いられるが、元来は神聖な言葉を語る人をも指すものだったとされる。

まづ祝詞の中で、根本的に日本人の思想を左右してゐる事実は、みこともちの思想である。みこともちとは、お言葉を伝達するものゝ意味であるが、其お言葉とは、畢竟、初めて其宣を発した神のお言葉、即「神言」で、神言の伝達者、即みこともちなのである。「みこともち」には「宰」とか「太夫」の語をあてることもあるが、これらは低級な「みこともち」で最高級の「みこともち」は天皇である。後には天皇の身代わりの「みこともち」もできるようになった。それが中臣氏だという。

此みこともちに通有の、注意すべき特質は、如何なる小さなみこともちでも、最初に其みことを発したものと、尠くとも、同一の資格を有すると言ふ事である。其は、唱へ言自体の持つ威力であつて、唱へ言を宣り伝へてゐる瞬間だけは、其唱へ言を初めて言ひ出した神と、全く同じ神になつて了ふのである。

永遠回帰の民族論理

俗なる存在に聖なるものが顕現することを二〇世紀後半の最も著名な宗教学者であるミルチャ・エリアーデは「ヒエロファニー」と言ったが、ここで述べられていることは「ヒエロファニー」というのとほぼ同じである。折口はここからさらに天皇がそのまま神であるという信仰を現す「現《あき》つ御神《みかみ》」の観念も導き出されるという。

さういふ風に、本来のみことを発した人と、此を唱へる者とが、一時的に同資格に置かれるといふ思想は、後になると、いつまでも、其資格が永続するといふ処まで発展して来た。天皇陛下が同時に、天つ神である、といふ観念は、其処から出発してゐるのであつて、其が惟神《かむながら》の根本の意味である。

この「聖なるものの顕現」という概念はつねに時間や空間を新たなものに生まれ変わらせるのであり、円環的な死生観、永遠回帰的な時間意識を説明する論理としては一定の説明力をもつと思う。呪術の重要な要素として言葉の力への信仰があるということも宗教人類学の学説として肯定できるものだろう。

次に又、みこともちの思想から演繹されるのは、をちの思想である。此は、言ひかへれば、不老不死といふ意味で、呪詞信仰と密接の関係がある。いつでも、元始《ハジメ》に戻る唱へ言をするから、其度毎に、新しい人になつて、永久不滅の命を得るのである。武内宿禰《たけのうちのすくね》が、三百余歳の寿を保つたといふのも、其である。而も此人は、本宜《ホキ》歌の由来を繋《か》けられてゐる。長生するのも、尤である。其外、民間の伝承では、倭媛命《やまとひめのみこと》・八百比丘尼・常陸坊海尊などが、何れも皆長生してゐる、とせられてゐる。此も唱へ言と、関聯してゐるのである。

「をち」というのは「変若」と漢字を当てることもあり、再生や生命更新を連想させる語である。折口はまた「商変《アキカヘシ》」という語にも触れている。これは「貸借関係の解放」、つまり棒引きを意味しており、詔勅《みのり》によって借金をなかったことにしてしまう徳政令にあたるものの万葉集に見える用語である。これについて折口は次のように述べる。

商変のみのりの思想は、察するところ、春の初めに、天皇陛下が高御座に上つて、初春の頌詞を宣らせられると、又、天地が新になるといふ思想から、出てゐるのであらう。後には此宮廷行事が、御即位の時だけしかなくなつたが、高御座は、天皇陛下が、天神とおなじ資格になられる場所である。一たび其処へお登りになれば、その宣らせ給ふお言葉は、直ちに、天神自身のお言葉である。そして其お言葉が宣られることに依つて、すつかり、時間が元へ復るのである。商変のみのりの効力は、畢竟、此と同一観念に基くものである。

エリアーデが論じたように王権儀礼が永遠回帰の時間意識を発動させる機能をもったのは事実だろう。しかし、それが日本固有の「民族論理」ということになると首をかしげたくなる。一九二八年から九年にかけて折口はこうした「民族論理」に熱中した時期があった。折口が天皇崇敬の論理化と「近代の超克」の論理にのめり込んだ時期といってよいだろう。

他界憧憬と孤独な死の意識の重ね合わせ

しかし、その後、折口はこうした言説を撤回するわけではないにしろ、それにいくらか距離をとるようになる。そして死生観については、再び、古代的なものを憧憬する近代の個人の孤独な自意識という地点に立ち返っていく。それは一九三九年に初稿が書かれた小説『死者の書』（全集第二四巻）を見ることによって明らかになろう。

この小説は大阪と奈良の境にある二上山の麓にある当麻《たいま》寺が所蔵する当麻曼荼羅を素材とした

ものだ。藤原不比等の孫で藤原南家の長である藤原豊成の娘の中将姫は、継母とそりがあわず、自らの意思で当麻寺に赴き一七歳で出家した。そして極楽浄土を描く曼荼羅を織ることを決意し蓮の茎を集めて蓮糸を繰り、これを井戸に浸すと糸は五色に染まったという。それを一夜のうちに織り上げてなったのが蓮糸曼荼羅である。中将姫はその後二九歳で阿弥陀如来を始めとする二十五菩薩の来迎により西方極楽浄土へ往生したと伝えられている。

二上山は山越の阿弥陀像によって知られる場所である。当麻寺のある大和の側から二上山に沈む太陽を拝む日想観によって二つの山頂の間から阿弥陀仏が姿を現してくるのが幻視される。山越の阿弥陀仏の画像は究極の美を体現するとともに、永遠の生命を象徴する救いの仏が人々に慈悲の手を差し伸べる像として尊ばれた。折口は中将姫の魂がその阿弥陀仏に憧れて当麻寺へさまよい出たさまを描いていく。

だが、二上山には謀反の意図ありとして殺された天武天皇の息子、大津皇子《おおつのみこ》の墓がある。ふもとの地域には大津皇子のものと伝えられる墳墓もある。知勇ともにすぐれ力あふれる存在だった大津皇子がなお地中にあって甦りを待って、中将姫を呼び出したというのが折口の『死者の書』の設定である。しかも、大津皇子は天孫降臨に先立って天照大神に逆らって殺されたとされる天若日子《あめのわかひこ》の再生でもあるとされている。

死者がなお愛と恐怖にかられながら暗い黄泉《よみ》の国にいて再生を願い、中将姫を呼び出した。中将姫はそれを一切の葛藤を超越した救いの仏である阿弥陀仏への憧れと自覚して当麻寺へと赴き曼荼羅を織った。明るい光の世界としての浄土への憧れは、実は暗い闇の国としての死者の国と不可分のものなのだ。

まったき孤独・究極の喪失としての死

物語では中将姫が来たことを身辺に感じとった死者である大津皇子の意識が甦ってきて独白する。死の瞬間について。

其でもおのれの心は、澄みきつて居た。まるで、池の水だつた。あれは、秋だつたものな。はつきり聞いたのが、水の上に浮いてゐる鴨鳥《ドリ》の声《コヱ》だつた。今思ふと——待てよ。其は何だか一目惚れの女の哭き声だつた気がする。——を、、あれが耳面刀自《みみものとじ》だ。其瞬間、肉体と一つに、おれの心は、急に締めあげられるやうな刹那を、通つた気がした。俄かに、楽な広々とした世間に、出たやうな感じが来た。さうして、ほんの暫らく、ふつとさう考へたきりで……、空も見ぬ、土も見ぬ、花や、木の色も消え去つた——おれ自分すら、おれが何だか、ちつとも訣らぬ世界のものになつてしまつたのだ。

続いて死後、数ヶ月の頃の記憶もよみがえってくる。伊勢の斎王を務めていた姉、大来皇女《おおくのひめみこ》が墓の戸で嘆き悲しんだ歌をうたった。それを聞いて「はつきりもう、死んだ人間になつた、と感じたのだ。……其時、手で、今してる様にさはつて見たら、驚いたことに、おれのからだは、著こんだ著物の下で、腊《ホジ》、（ほした肉――島薗註）のやうに、ぺしやんこになつて居た――」。やがて今の自分を意識するようになる。からだを触ってみると着物もない。「大変だ。おれの著物は、もうすつかり朽つて居る。おれの褌《ハカマ》は、ほこりになつて飛んで行つた。どうしろ、と言ふのだ。此おれは、著物もなしに、寝て居るのだ」。続いて死の虚無に向き合った大津皇子の悲痛な叫びとなる。

を丶寒い。おれを、どうしろと仰るのだ。尊いおつかさま。おれが悪かつたと言ふのなら、あやまります。著物を下さい。著物を――。おのれのからだは、地べたに凍りついてしまひます。

これは本人は声のつもりだが、地上には声としては聞こえない。だが、「声でない詞《コトバ》が、何時までも続いてゐる」。

くれろ。おつかさま。著物がなくなつた。すつぱだかで出て来た赤ん坊になりたいぞ。赤ん坊だ。おれは。こんなに、寝床の上を這ひずり廻つてゐるのが、だれにも訣らぬのか。こんなに、手足をばた〴〵やつてゐるおれの、見える奴が居ぬのか。

ここに表現されているのはまったき孤独や究極の喪失としての死の意識である。円環的な死生観や永遠回帰的な時間意識とは対極に位置するものかもしれない。むしろ、いのちのはかなさや無常を痛切に意識するが故に、時間を超えた絶対的実在や涅槃の境地を思い描く救済宗教のそれに近いものを思わせる。だが、そこにも再生の意識がある。生まれ変わって新たな生命を開始する希望が表されてもいる。

一九三〇年代以降、折口は神道の中の超越者や絶対神の観念を掘り起こそうとする。神道的な永遠回帰とまったき孤独の意識が共存する境地が思い描かれていたのかもしれない。それについてここで論じることはできないが、『死者の書』に描かれた死の意識はそうした求道の志向性と軌を一にしたものと言えるだろう。

円環的な死生観の想起とその彼方

柳田国男も折口信夫も円環的な死生観や永遠回帰的な時間意識の意義を鋭く理解した。そして民俗資料を素材として、それを巧みに描き出した。ある時期、それが日本的な宗教伝統の核心にあるものだと考え、それを「固有信仰」や「民族論理」として定式化すべく力を尽くした。

そもそも「死生」という言葉には、生と死との表裏一体性の意味が含まれているのではないだろうか。死生観について問いなおす際、円環的な死生観や永遠回帰的な時間意識を思い起こすことにはそれなりの必然性がある。近代日本では日本民俗学の創始者たちによって、円環的な死生観や永遠回帰的な時間意識の想起が強力になされたのだった。

だが、近代社会においてそれらがどのように生かされていくのかについて、両者がたどりついた地点はいくらか異なっていた。柳田は「固有信仰」を理解し保存することに希望を託したのに対し、折口は近代に生きるが故に古代的なものに回帰することのできない自己の死の意識をそのまま表現しようとした。そこに悲痛な叫びの響きが含まれることを隠そうとしなかった。

第5章　無惨な死を超えて

一　「戦中派の死生観」の内実

現代死生観の新たな展開

ここまで見てきたように、一九〇四年に加藤咄堂が『死生観』という書物を刊行してから、いくつかの有力な死生観の系譜が形成されてきた。一つは加藤咄堂が代表するような「修養」の系譜に位置づけられる。それは「死を意識しつつ、死を超える大いなるものに一体化し、死を恐れずに生きる」ことを理想とするもので、武士道にその典型があると見なされた。そしてそれは、軍人・兵士、あるいは戦いに関心あるものにとって身近なものという特徴があった。

次に、志賀直哉が代表するような「教養」の系譜に位置づけられるものがある。志賀は自ら事故にあってからだを傷め、死を身近に感じた経験を文学的に結晶した。自ら死を身近に強く意識した経験が、心の安らぎを得ることに、また確固たる信念をもつ文人・思想家・表現者としてのアイデンティティの確立に役立つものだった。この系譜では、死生観とは死に向き合うことで得られる文人エリートの思想表現だった。

もちろんこれらだけが主要な系譜というわけではないが、これらは戦前に力をもった死生観言説のある典型と言ってよいだろう。いずれも死を意識しつつ悟りを得ること、死に向き合ってこそ堅固なものとなる、大いなる安らぎを得ることをよしとするものだ。仏教や儒教や神道、あるいは武士道の伝統に即し、そこで尊ばれている高度の心の状態を達成するという目標を、「死生問題」に即して具体化する。それがこれらの系譜における死生観だ。

他方、こうした「悟りの境地」を志向する死生観とは少々異なるところに焦点が合わされた死生観の叙述もなされた。それらは個人の悟りではなく、古くからの文化伝承を引き継ぐ死の意識や表象に焦点を合わせようとするものであったり（第4章）、本章でこれから述べるような、悟りというようなものが破れてしまわざるをえないような経験をバネとした死生観であったりする（第5章）。時期的には、悟りを志向する死生観言説より後の時期に育ってきたものだ。

この時期はそれまでのようにエリート的な個人の優越者としての意識を支える死生観ではなく、ふつうの個人にとっての死、あるいは多くの人々が共有する死の意識に焦点が合わされるようになる。戦時中には悟りを目指すような死生観もふつうの兵士や銃後の国民がもつべきものとして喧伝された。その一方で、指導層から国民に教え込まれるような死生観になじむのではなく、時流に抗うような個の意識や、時代思潮とは異なる方向の伝承的な意識に注目する人々が登場する。

こうした人々の言説を取り上げることで、二一世紀を生きる私たちの世界に次第に近づいていく。第2章、第3章が明治後期から昭和初期までに注目していたとすると、第4章、第5章は明治後期に発するとしても昭和前期（敗戦後まで）を主な対象としている。第4章では、伝承されてきた共同意識としての死の意識に注目し、円環的な死生観・永遠回帰的な時間意識を想起する死生観叙述を取り上げた。この第5章では、悟りを目指すような死生観の系譜ではおそらく直面することが困難であるような経験、あるいは悟りを目指すような死生観が打ち破られるような経験を経て、そのような亀裂の経験に焦点を合わせた死生観を表現しようとした人物について見ていきたい。それは戦争文学の傑作として名高い『戦艦大和ノ最期』（一九四六年）の著者、吉田満（一九二三―一九七九）である。

死生観について語る吉田満

戦時中、「死生観」「生死観」などの語は盛んに用いられた。たとえば、第2章で見たように一九四三年には『日本精神と生死観』（有精堂出版部）という本が編まれていて、西田長男（神道学）、鈴木大拙（仏教思想）、紀平正美（哲学）、佐藤通次（ドイツ語学）、秋山大《まさる》（日本思想）といった人々が名を連ねていた。読者は戦死を覚悟しつつあった教育程度の高い青年だろう。この手の本がいくつも刊行されていた。

それに比べると、戦後は死生観言説はあまり流行らなかった。ところが、ある時期以降、おおよそ一九七〇年代半ばと見てよいと思うが、死生観言説が再び隆盛に向かっていく。R・J・リフトン、加藤周一、M・ライシュの『日本人の死生観』（上・下、岩波新書）の刊行は一九七七年だが、これはその後の死生観言説興隆の先駆けをなすものである。だが、その間の死生観言説が乏しかった時期に、死生観についてしばしば文章を公表してきた人物に吉田満がいる。もっとも「死生観」という語を積極的に用いたのは最晩年のことだった。

日本銀行に勤務しながら執筆活動を続けていた五六歳の吉田は、一九七九年七月末、食道静脈瘤出血で入院する。死を前にした病床の四〇日余りの間にも、力をつくして「死者の身代りの世代」、「戦中派の死生観」などの文章をまとめた。どこまで死を覚悟していたか確かなことは分からない。なお回復を望む気持ちもあったようだが、「戦中派の死生観」を口述した数日後にあっけなく世を去った。没後、数ヶ月を経て、吉田が出版の意図をもって記していた目次案をもとに、いくつかの文章をそえて刊行されたのが、『戦中派の死生観』（文藝春秋、一九八〇年）である。

学徒出陣で海軍士官として副電測士の役割を負い、戦艦大和に乗り沖縄特攻作戦に加わり、わずかな生き残りの一人となった吉田は、多くの仲間の死、同世代の若者たちの死をつねに意識しつつ、銀行員としてまた著述家として戦後三四年余りの生を送った。日銀の同僚だった千早耿一郎によると、吉田はよく国文学者で歌人でもあった岡野弘彦の次の短歌を口ずさんでいたという（『大和の最期、それから――吉田満　戦後の航跡』講談社、二〇〇四年）。

辛《から》くしてわが生き得しは彼等より狡猾なりし故にあらじか

若くして死んでいった同輩たちに対するこのような慚愧の念にかられ続けた一生だったが、その思いをここまで率直に文章に結晶させた人はまれだった。その遺稿となった「戦中派の死生観」（『吉田満著作集』［以下「著作集」と略す］、文藝春秋、一九八六年）には次のような一節が含まれている。

戦後三十四年が過ぎたことは、戦中派が戦争にかり出された頃の父親たちの年齢に、われわれが達したことを意味する。……父親の年になるまで生きて、青春のさ中に散っていった仲間たちのことが、その悲劇の意味が、はじめて分ったということである。われわれの戦後の生活には、波瀾あり挫折あり悔いも多いが、彼らはそのかけらも経験することはなかったのだ。

無惨な死と生き残り

生き残りとしての苦渋の言葉を記し続けた吉田満だが、それはまた若くして死んだ同世代の人々の死の無惨さ、痛ましさを確認し続けることでもあった。その痛ましさの意識こそが、近代日本の死生観の新たな地平を印しづけるものである。

「故人老いず生者老いゆく恨かな」菊池寛のよく知られた名句である。「恨かな」というところに、邪気のない味があるのであろうが、私なら「生者老いゆく痛みかな」とでも結んでみたい。戦死者はいつまでも若い。いや、生き残りが日を追って老いゆくにつれ、ますます若返る。慰霊祭の祭場や同期会の会場で、われわれの脳裡に立ち現われる彼らの童顔は痛ましいほど幼く、澄んだ眼が眩い。その前でわれわれは初老の身のかくしようがない。（同前）

五〇代の後半に、死を前にして書かれたこの文章も「生き残り」としての「戦中派」の意識が印象深く語られている。『戦艦大和ノ最期』以来、吉田の文章全体の特徴は戦争で早死にした仲間たちの無惨な死を、どのような意味で無惨と見るか、問い直し続け、そうすることによって鎮魂の意思を示し続けたことにある。

　彼らは自らの死の意味を納得したいと念じながら、ほとんど何事も知らずして散った。その中の一人は遺書に将来新生日本が世界史の中で正しい役割を果たす日の来ることをのみ願うと書いた。その行末を見とどけることもなく、青春の無限の可能性が失われた空白の大きさが悲しい。悲しいというよりも、憤りを抑えることができない。（同前）

ここで吉田は「その悲劇の意味が、はじめて分った」と書いている。戦後のさまざまな経験を経て、戦死した若者たちの父の年代になったからやっと分かったという感慨を込めたものだろう。しかし、実際に吉田が記していることは、戦後の早い時期から書いてきたこととあまり変わっていない。無惨な若年死の当事者であることから遠ざかった五〇歳代の文章と、なお当事者としての緊迫感の漂う一九四〇年代末の文章では確かにトーンは異なる。だが、死生をめぐって語られていることの内実は変わっていない。戦後、三五年にわたり、吉田は戦死した若者たちの死の無惨さについて同じことを言い続けたように思える。

二 内なる虚無との対面

戦争と戦いにおける死

若者たちの死の無惨さとはどのようなものか。敗戦直後の吉田は、それを何よりも自らの心の内の事柄として意識し、沈黙しがちながらも言葉をしぼり出すように語ろうとした。若者たちは壮大な破壊に、つまりは虚無に呑み込まれた。それは沈没しゆく戦艦大和から海中に投げ出された彼個人の体験そのものだった。

たとえば、一九四八年に公表された「死・愛・信仰」(著作集下)という文章で、吉田は「戦争」と「戦い」という語を区別して用い、その両者との関係で、自らの死の経験を捉えようとしている。

私は戦争と戦いとを混同し、むしろとりちがえて、いたずらに戦争の前に自失していた。私をそのとき包囲しつつあったのは戦争であって戦いではなかったのである。戦争は、そのために責めを負い、また報いを受けることのできる、いなそうせねばならぬ一行の歴史に過ぎない。それは謳歌され、憎悪される。その動機は是非され、その巧拙は褒貶される。私はその前に、自由に冷静に、しかも賢明に立つことができる。私は自ら判断し決意し、充分に納得して戦争を受け入れるべきであった。だがいったい赤裸々な「戦い」の旋風の前に、ついに人間は何であるのか。

「戦争」は個々人の死がもちうる歴史的な意義に関わる語だ。それは民族や国家の使命に関わることであったり、民族や国家を超える人類や平和にとっての価値に関わることだったりする。だが、それとは別にむき出しの物理的な「戦い」がありいわばむき出しの「死」があると吉田は見ている。

それは吉田個人の心の中で、戦艦大和の特攻作戦がいよいよ最後の段階に入る時ににわかに露わになっていった。『戦艦大和ノ最期』の叙述も鮮烈だが、「死・愛・信仰」のそれも印象的なものだ。

やがて無惨に傾いた敗残艦に、沈没寸前の虚脱した小休止が来た。私がおそれ避けて来た「時」であった。果たして内心の声が抗しがたく迫って来た。——死にゆく者。死神の顔色でもうかがうか。それとも決算の用意があるのか。お前の生涯を飾る一切のうち、いま死にゆくお前に役立つものがあるか。あれば共に進むがよい——私は答えようと懸命に、追憶に向かって救いを呼んだが、不安はつのるばかりであった。一枚一枚この肌をはがされ、むごい孤独のままに打ち捨てられようとしていた。それは余りに明らかだった。何もない、何一つない、これが俺だったのだ。一切だったのだ、と呻きながら――しかし私はそのまま、艦腹から波頭に落とされていた。

死がむき出しに現れ、黒々とした虚無が大きな姿を現した。死に直面した吉田はそんなふうに、すぐそこまで来た自らの死を受け止めた。

死を免れた後の苦悶

それから生と死の境をさまよう四時間余りが過ぎ、吉田は残った艦船に泳ぎ着いて助けられ、生の側にゆき着いた。「多くの兵が、救われんためにあがいて、そのゆえに力つきて沈んでいった。私は自分というものを忘失して、ふっとこみあげる、ただそれだけの、ありったけのものに任せていた」。

物理力に翻弄されるこの「戦い」の中での死との直面は、吉田の中に絶望感を残した。海中に投げ出された兵士たちをすくい上げた艦船は生存兵士を乗せて佐世保港に入港する。その佐世保の病院で、吉田は今しがた通り越してしまった死との直面の経験に取り憑かれて苦しむ。

そこで吉田の頭の中をかけめぐっていたものもまた、数ヶ月後に著された『戦艦大和ノ最期』

に定着されている。この緊張感あふれる書の底を流れる悲しみは、数年間にわたって吉田の脳裏を離れなかったことだろう。一九四八年の「死・愛・信仰」（著作集下）では次のように述べられている。

私は終始、人間らしいおのが心をしびれさせたまま、戦い、死を掠め、よみがえったのである。一夜を、昏々と眠り呆けた。翌朝、春の陽とみどりの山の前に、ただ抜けがらのように立っていた。美しい、とわずかに感嘆が湧くのみであった。

白いベッドに身を横たえながら、私は身をさいなむ問いを執拗にくり返した。――あれが死なのか。波にまかれしたたかに水を呑まされ、苦悶の極に明転し、そして俺は甦ったがしかもあの時暗転していたならば、――あの眠りに似てより重く、窒息に似てよりいまわしい、瞬間が永遠につづくのであろうか。しかも一度限りの、終熄。いなそれよりも、あののがれようのない、孤独、寂寞、絶望はどうしたことなのだ。あのようにしか死ねないものとすれば、人間とは何なのか。何のためのものなのか。それだけではないはずだ。たしかに、何かが欠けている。あれを悲惨の極と感ずるこの心がある以上、それにこたえるものがなければならない。……欠けたものは一体何か。俺の場合の、虚無の理由は何なのか。

この文章では、その後、吉田がカトリックの今田《こんだ》健美神父に出会い、キリスト教の信仰に導かれていく経緯も描かれていく。それは死に直面した吉田が見てしまった「虚無」を克服することができる唯一の道と感得されたと思われる。だが、それによって吉田の実存的問いが終息したわけではない。

「戦い」と内なる虚無

ここで吉田が「戦い」と呼んでいるのは何か。そこでの死の無惨さとはどのような無惨さなのか。このことについて、吉田はその後も度々、自問自答をくり返している。一九五一年の「底深きもの」（著作集下）では、理知に偏した学生生活が「二年間の軍隊生活によって痛烈に打ち破られた」として次のように述べている。

兵営と戦陣での経験が私に与えた第一のものは、この世の生活の空しさであった。書架や交友や歌で結構紛れていた学生時代と違って、それらすべてを奪われた身には、裸の自分の貧しさが痛切だった。（中略）与えてくれた第二は、死の直接の体験であった。死との面接を通じて知る、死という生理現象の底の浅さであった。逆巻く渦の中で、呼吸の極限、意識の限界にまで押しやられた。むしろ死を選びたいほどの苦悩を強いられたが、それはただそれだけのものだった。肉体の死は、あまりに平凡で平板で底がなかった。

ここでは自分自身の経験の深さや他者との深い交わり、それらに由来する心の豊かさの欠如が、むき出しの「肉体の死」を強いたとして、出会わなければならなかった虚無の原因と見なされている。また、一九六二年の「死と信仰」（著作集下）では、特攻隊の死という特殊な死のあり方と「虚無」の露出が結びつけられている。

特攻兵の死というものは、やや特殊な死である。私は、帰りの燃料を持たない軍艦に乗せられて、敵地に突入した。(中略)死はいかにしてものがれられぬ運命であり、その時間もかなり正確に推定できる状態であった。つまり自分の死というものが、物理的な精密さで規定されている——これはある意味で、死の本質に反することである。死は、かならず来ることは疑えないが、いつ来るかは不明なもので、そこに本領がある。だから器械的に用意された死は、その意味で死ではない。肉体の破壊ではあるけれども、人間の死とはいえない。(中略)

私は出撃の命を受けてから、自分を見失ってしまった。死の時ほど、自分を赤裸々にみつめられる時はないはずだが、このときほど、自分を喪失したことはない。

虚無を超えるもの

では、虚無を超えるものとは何か。一九四八年の「死・愛・信仰」では、辛うじて助かった後の内省に託して、次のように描かれていた。

次第にいたわりながら私は自問しつづける——お前は、本当に愛したことがあるか。もうそれだけですべてというような、渾身の愛を味わったことがあるか。全心全霊、生き生きとした、しかもしずかなよろこびに浴したことがあるか。単に知性の満足だけでもない、我意を全うしただけでもない、自分という人間全体の、しみわたり貫きとおるようなよろこびを受けたことがあるか。いな、自分の前に、もう一人の自分である本心を、偽らずにさらけたことがあるのか。真の孤独をたのしみ得たか。何ものにも打ち克つほどの、永遠にもつづくことをねがうほどの、希望と感謝を抱いたことがあるか――なかった。たしかになかった。

これまで観念的に考えてきた生と死が、真に価値ある生と死ではなかった。それにかわって、真に充実した生があるはずであり、それは自己と他者が如実にそこに現前するような生でなければならない。こう吉田は考えている。

この文章で吉田は、愛と真の孤独、そして人間らしい「生」こそが欠けていたという。「生きねばならぬ。正しく、愛をきずいて、生きるにふさわしく生きねばならぬ。一瞬一瞬に至誠をつくし、悔いなき刻々を重ねねばならぬ。刻々に死ぬことによって、死を超えるのだ」とも述べている。自己と他者が真に現前するような生、それは刻々に虚無としての死を超えていくものなのだ。

二五歳の吉田のこうした語り方の背景には、今田神父を通してカトリックの救いに出会った体験があった。「今田神父様に捧ぐ」と題された一連の短歌作品がある。そのいくつかを引いておこう。

昭和二十三年御復活祭受洗の日

しら衣《ぎぬ》の肩を頭《かうべ》を蔽へればこころをののくめしひなれども
わがすでにわれにはあらずわがうちに生《あ》れ出でましぬあらたなるもの
吾《あ》をつつみながれつらぬき揺りつつもむなしきわれにあふるるひかり

　雨細き夜　五首

神父《ちち》なればわれがしたしき父なればこのまなぞこをみつめたまへり
そのひとのくまぐまに充ち吾《あ》をつつむ愛に揺らるるわれなるものを
すこやかに笑《ゑ》ませるきみがみひとみのうちなる直き光《かげ》よ見るべし
魂《たま》合へるひとらつどへりつどふなべわれも溶け入れひとり身にあらず
溢れつつ渇ゑしままに帰り来ぬ頬にひたひに細き雨《あま》あし

実存を意識しつつ日常を生きる

一九六二年の「死と信仰」では、四〇歳に近づく吉田はもっと落ち着いた、分かりやすい言い方をしている。その後、吉田は妻の家族の信仰を尊重したこともあってプロテスタントにかわり、鈴木正久牧師が導く西片町教会に所属した。この文章は『西片町教会月報』に掲載されたもので、「入信の動機」が書き記されている。「私の場合は、死の体験が、それだったといえる」という。

しかし、特攻兵としての経験を貴重なものとして尊んでいるかというとそうでもない、かなり突き放している。「死はいかにささやかなものでも、のっぴきならぬ実存性をひめているが、特攻兵に強要される画一的な死には、むしろ実験室の匂いがして、生命の燃焼が希薄である」。「体験は、だが結局それだけのものでしかない」。戦争が終わって、体験を血肉とするような新たな経験が必要だった。「身辺が平静にかえるに従い」、つまり日常の中で内省を通して、「私は自分に欠けていたものを、漠然と感じはじめた」。

死に臨んでの、強靭な勇気とか、透徹した死生観とかが、欠けていたのではない。静かに緊張した、謙虚に充実した、日常生活が欠けていたのである。（中略）そこで役立つのは、死相にこわばった自己ではなくて、柔軟ななだらかな自分である。ただあるがままの、平凡な自分である。

二五歳の吉田と四〇歳近い吉田とで、考え方の筋道は変わっていない。特攻兵として直視してしまった死の虚無から生への帰還の歩みがあった。死の虚無から帰還すべき生があり、その行程を意識してこそ、死が意義あるものとなりうると吉田は考えた。だが、その「帰還すべき生」は、入信当初のこれから得られるであろう光に照らされた「充実した生」から、すでにある長さの時間それなりに歩いて来た「平凡な自分」に変わってきている。これは吉田の思考が虚無を強く意識する実存主義的な信仰の立場から、信仰者もそうでない人々もともに経験するであろう、日常性の避けがたさの意識へと転じて来たことを示すものだろう。

三　共同行為としての戦争の意味・無意味

戦争という虚無と若者たちの思い

今見てきたように、戦争で死んだ若者の死の無惨さについて、吉田満はその無惨さを自らの内なる虚無として語っていた。とりわけ、大和沈没の直後からキリスト教に入信し、熱心に信仰を語ることが多かった一九五〇年頃までの時期の文章に顕著な傾向だ。そこでは戦争による内面の破壊は、キリスト教の信仰によってこそ埋めることができるような空虚さと裏腹のものと意識されていた。他方、それはまた、特攻隊に代表されるような現代世界に特有の暴力的秩序に由来するものとも考えられていた。だが、ここでの問いかけは求心的に自己自身に向けられたもので、同世代の若者たちの死や死の意識に直接関わるものではない。

吉田個人が自らの内なる虚無にかくも深刻に向き合わざるをえなかったのは、戦争の破壊による虚無を強く意識していたからだ。その虚無に無惨に呑み込まれたのが戦艦大和で行動をともにした仲間たちであり、同世代の若者たちだった。吉田が内なる虚無をそれほどに重く受け止めたのは、無惨な大量破壊をくり返す現代世界の巨大な虚無に呑み込まれた仲間たちの無惨な死を悼もうとしたからではないか。

そうだとすれば自分自身のこととともに、あるいはそれ以上に同世代の兵士たちがどのような思いで死んでいったかが問われるべきだろう。戦後、時が経つに連れ、吉田は自ら死に直面した経験に距離をとり、他者の経験をたどり、理解しようとする作業に取り組むようになる。それがまた、自己の経験をよりよく理解することにもなると考えたに違いない。吉田はそのような考えから、後で紹介するように、多くの取材を踏まえた三つのすぐれた作品を著している。ある時期から、吉田は他者を通しての自己理解という方向で多くの文章を書くようになっていく。

実際、吉田は度々、そのような問いに答えるべく、戦死した若者たちの手記や手紙などを数多く、また深く読み込み、彼らにとっての死の意味を明らかにしようとしている。吉田は若くして死を覚悟し、死線をさまよった経験にこだわり、まずはそれを自らの内面の事柄として深く受け止め、その後は大量の戦死を余儀なくされた世代の経験として捉え返した。吉田が戦後の新たな死生観言説の地平を切り開いた人と見なしうるのは、名作『戦艦大和ノ最期』を著したからだけではなく、その後もその経験の意義を問い続け、深く掘り下げ、かつ広く分かちもつことに努めたからでもある。

共同行為における意味と無意味

たとえば、一九六五年に公表された「散華の世代」(著作集下)という文章では、吉田は戦争に託した個々人の思いに耳を傾けようと、次のように述べている。

戦争の悲惨さとは、いったい何であるか。その破壊力の無軌道さ、無制限な大きさをいうのか。特に人間の生命、人間の生活に対する、徹底した暴力をいうのか。無数の人間を狂気に駆りたてる魔力をいうのか。またその無意味さ、いっさいの建設的なものと無縁な空虚さをいうのだろうか。(中略)

われわれが戦場でみずからの五体に実感したのは、前に列挙したような、戦争のいわば物理的な破壊力を集約したものだけだったろうか。(中略)

われわれが体験した戦争は、いっさいがただ空しいというのではなくて、個々の行動、一つ一つの個体の中に、人間性の昇華を含むものであった。初めから終りまで、空しいと分り切った茶番劇が進行するのではなくて、登場人物は端役の一人に至るまで、それぞれの悲劇の役を背負っていて、終幕まで息を詰めてそれに執着しなければならなかったのだ。

戦争そのものは「巨大な虚無」だった、だが、戦争の悲惨さが如実に実感されるためには、それを構成する個々の人間の生き甲斐の純粋さが示されなくてはならないという。しかも、生き甲斐に陶酔する誘惑を断乎としてしりぞけなければならないと。

若者は戦争に何を託そうとしたか。託すに値するものが戦争にあったのか。とくに自らの死をもたらすであろう個々の作戦や戦闘に的確にその意義を見いだすことができただろうか。これは死の虚無に対する問いと結びついている。しかし、個々人の私的生涯における意味と無意味への問いではなく、多くの人たちが分けもった社会的行為や共同価値における意味と無意味の問題だろう。死に際して露わになる意味と無意味なのだが、敗戦直後の吉田がどちらかといえば前者に思いをこらしていったのに対して、その後の吉田は後者について多くの重要な問いかけを行っていった。

戦艦大和の特攻作戦

とはいえ、『戦艦大和ノ最期』(著作集上) はすでにこの問いを正面から取り上げていた。戦艦大和に乗った吉田が加わった沖縄特攻作戦は、四月一日に始まる米軍の沖縄上陸作戦を阻止するため、瀬戸内海にあった大和他一〇数隻からなる第二艦隊、七千人の兵力で沖縄西方海岸に突入するというものだった。神風特攻が戦果を上げるためのおとりにもなり、最後は上陸して沖縄防衛にも貢献するという建前だ。しかし、援護の航空機はわずかで航空戦力に圧倒的な差がある。沖縄までたどりつくことができずに全滅する可能性が相当に高い。

後に吉田は、第二艦隊長官、伊藤整一の伝記という形でこの特攻作戦の全過程について述べ、彼なりの評価を述べている(『提督伊藤整一の生涯』著作集上)。すでに立案の時から、この作戦には反対が多かった。成功の見通しがきわめて少なく、戦果なく全滅の可能性が高い作戦に数千の兵力を投入するのはなぜか。海軍のメンツを立てること、お国のため、天皇のために死ぬこと自体が自己目的となっているのではないか。第二艦隊の伊藤長官自身、この作戦に反対だった。だが、最後には連合艦隊司令部の説得に従い、部下の反対を抑えたとされる。

しかしそれでもこの作戦を拙劣と考える将校は多く、とりわけ学徒出陣の将校はそうだった。以下は『戦艦大和ノ最期』の叙述だ。四月五日、出撃命令が下る前に、艦上では「何ノ故ノ死カ何ヲアガナヒ、如何ニ報イラルベキ死カ」をめぐって激論が戦わされた。

兵学校出身ノ中尉、少尉、口ヲ揃ヘテ言フ「国ノタメ、君ノタメニ死ヌ　ソレデイイヂヤナイカ　ソレ以上ニ何ガ必要ナノダ　モッテ瞑スベキヂヤナイカ」

これは加藤咄堂が推奨した武士道風の死生観に従うもので、当時、圧倒的な音量で宣伝されていたものだろう。だが、近代的な思想を学ぶ機会をもった若者にとっては必ずしもすぐに納得がいくものではなかった。

学徒出身士官、色ヲナシテ反問ス「君国ノタメニ散ル　ソレハ分ル　ダガ一体ソレハ、ドウイフコトトツナガッテキルノダ　俺ノ死、俺ノ生命、マタ日本全体ノ敗北、ソレヲ更ニ一般的ナ、普遍的ナ、何カ価値トイフヤウナモノニ結ビ附ケタイノダ　コレラ一切ノコトハ、一体何ノタメニアルノダ」

こうして艦上で激しい論戦がくり広げられた。

「ソレハ理窟ダ　無用ナ、ムシロ有害ナ屁理窟ダ　貴様ハ特攻隊ノ菊水ノ『マーク』ヲ胸ニ附ケテ、天皇陛下万歳ト死ネテ、ソレデ嬉シクハナイノカ」

「ソレダケヂヤ嫌ダ　モット、何カガ必要ナノダ」

結局は「乱闘ノ修羅場トナル」のだが、死の意味・無意味をめぐる問いかけが、多くの士官にとって切実なものであったことが示されている。

臼淵大尉の言葉

吉田が海上に投げ出されようとして直面した死の虚無と、この死の意味・無意味への問いはどうつながっているのだろうか。『戦艦大和ノ最期』では、吉田は一度は青年士官全体のリーダー格（「ケップガン」＝士官室長）であった臼淵磐大尉の次の言葉でいちおうの納得を得たと書かれている。

大海戦ニ前例ヲ見ザル航空兵力ノ決定的懸隔／併セテ発進時期、出動径路ノ疑問／提燈ヲ提ゲテヒトリ暗夜ヲ行クニモ等シキ劣勢トイフベシ（中略）痛烈ナル必敗論議ヲ傍ラニ、哨戒長臼淵大尉（一次室長、ケップガン）、薄暮ノ洋上ニ眼鏡ヲ向ケシママ低ク囁ク如ク言フ／「進歩ノナイ者ハ決シテ勝タナイ　負ケテ目ザメルコトガ最上ノ道ダ／日本ハ進歩トイフコトヲ軽ンジ過ギタ　私的ナ潔癖ヤ徳義ニコダハッテ、本当ノ進歩ヲ忘レテキタ　敗レテ目覚メル、ソレ以外ニドウシテ日本ガ救ハレルカ　今目覚メズシテイツ救ハレルカ　俺タチハソノ先導ニナルノダ　日本ノ新生ニサキガケテ散ル　マサニ本望ヂヤナイカ」

敵にダメージを与えることなく、海軍のメンツを保つために三千数百の若者のいのちが奪われたとしたら、それは愚劣なことかもしれない。だが、愚劣な負け方をするにはその理由があり、それを知って進歩することができるはずだ。日本が目覚めて新たな進歩の道につくための礎《いしずえ》として死ぬのだ。これが士官の間の論争を治めることができた臼淵大尉の言葉だった。

それは、たぶん吉田自身のものであった先の問いかけ――「俺ノ死、俺ノ生命、マタ日本全体ノ敗北、ソレヲ更ニ一般的ナ、普遍的ナ、何カ価値トイフヤウナモノニ結ビ附ケタイノダ」――への答として、他にはありえない、ギリギリの答ということになろう。吉田の臼淵大尉に対する敬愛の念は、その生涯を描いた『臼淵大尉の場合』（一九七三年）によく示されている。もし、これが吉田が敬愛する臼淵大尉の言葉でなかったら、言い逃れと受けとられても仕方がないような答ともいえよう。

そのために死ぬに値する行為はある。それが愛する他者のため、自らが育てられた共同体のため（たとえば民族や国家）、また「一般的ナ、普遍的ナ、何カ価値トイフヤウナモノ」に連なるならば、一言で言って義にかない意味ある死であるならそれは受け入れられる。だが、この特攻作戦の場合、義があやしく意味が不確かだったので、それだけ無惨なものとなった。

四　死生観と倫理

問い続ける吉田満

アジア太平洋戦争の膨大な死、とりわけ特攻兵に象徴される無惨な死をどうやって受け止めていくことができるだろうか。敗戦間際に死の虚無に立ち会ったと感じた吉田満は、次第にこの大きな問いへと導かれていく。さしあたりは、自己の内面の凝視とキリスト教信仰によってなされた「死の虚無の克服」の道だったが、やがて戦死した若者の経験に即して、戦争の悲惨そのものを克服する道を探ることへと展開していく。

具体的には、それは手記や手紙を読み解く作業を通して、戦没兵士の経験と思考を理解し直していくことで育てられていった。一九六五年に公表された「散華の世代」はそうした思索の試みの早い時期のものだ。

われわれの戦争体験が、ついにうしろ向きのままに終るならば、われわれは戦争のそれぞれの刹那《せつな》の持つ生甲斐から、新しいものを引き出すのではなくて、その快感に陶酔するほかないであろう。それを超えて、罪の意識を、〝失われた生甲斐の回復〟への意欲にまでたかめるには、どのような契機があるのだろうか。

一九六九年に公表された「戦没学徒の遺産」（著作集下）では、特攻作戦から生還した後、さらに四国の人間魚雷基地に身を置いた自らがそうであったように、十分な選択の余地がある状況でもあえて特攻兵であることに固執した若者の心情を理解しようとしている。

彼らはできれば、「自分の死と戦争とを引きかえにする」という宿命を避けて通りたかった。「しかしほとんどの場合、それは空しい努力に終った」。得ることができる情報の範囲では、戦争の災禍から「日本と日本人を守ることが、自分たち青年の責任である」と考える他の道を見いだせなかったからだ。生と死の意味がそこにあると考える他なかったのだ。ここには苦しい倫理の探究があり、かろうじて見いだされた人間的希望のかけらがつかみとられていたのではないか。

死を覚悟した若者の転換

神風特攻隊に入隊した林憲正は、入隊したての頃の日記には「私の心はなぜか悲しみに充ちている」とか、「死というものを脱却できない」などと書いていた。ところがやがて郷土の愛を守る決意を表明するに至る。吉田は「その変化の底にあるものを、汲みとらなければならない」という。何かを断念し、自己を超えた何かに向かわざるをえなくなるのだ。林の日記の記述は次のようなものだ。

私は郷土を護るためには死ぬことができるであろう。私にとって郷土は愛すべき土地、愛すべき人であるからである。私は故郷を後にして故郷を今や大きく眺めることができる。私は日本を近い将来に大きく眺める立場となるであろう。私は日本を離れるのであるから。そのときこそ、私は日本をほんとうの意味の祖国として郷土として意識し、その清らかさ、高さ、尊さ、美しさを護るために死ぬことができるであろう。

私はこんなことを考えてみた。そして安心したのである。まことに「私」の周囲のできごとは卑小である、私のこころは今救われている。朗らかである。

私的な執着をいちはやく棄てざるをえない。それが避けられないことを受け入れたとき、転換が起こる。「一つのささやかな生命が失われることによって、より大きな生命、より深く広い可能性が守られることを期待する、その純一無雑な祈りの姿勢」が現れてくる。宗教学を学んできた私としては、他の時代、他の文化なら「神に召された」と感じる青年がとる姿勢とたとえたくなる。「奇妙なほど我欲がなく、個人生活の内実が稀薄に見える」と吉田は述べる。その過程には「どれほど耐え難い内心のたたかいがあったことか」を読みとった上で、「彼らの姿には、他の時代の青年にない一つの支えがあるように見える」という。

それは、自分に課せられたものに対する打算のない誠実さ、与えられた役割を謙虚に受け入れ、利害をはなれて最善をつくし悔いを残すまいとする忠実さ、とでもいえようか。

それが、彼らにとって最も強い支えとなったのは、それ以上に頼りとなるよりどころを彼らが持ち合わせていなかったからに過ぎない。学生生活そのものから、読書から、また友人とのふれ合いから、そして前の世代、すなわち戦前派の世代から学んだものは、この一点に集約された。

悠久の大義と空虚さ

京大で西洋史を学んだ林尹夫《ただお》の手記『わがいのち月明に燃ゆ』を吉田は高く評価する。この手記に寄せて書かれた一九六七年の「死によって失われたもの」（著作集下）では、「自己向上の世界、おれのみ生きられる世界をもつこと、それはおれにとって不可欠の要求なのだ」という一節を引きながら、このように書き残した彼とともに「一つの無垢な豊饒な世界が失われたのである」と述べている。

だが、吉田は若い林の内面の豊かさについて述べるとともに、「空虚さ」についても述べる。もし、彼が戦争を生き延びたとしたら、戦後の世界を生きる「はげしい空白感」に耐えかねたのではないかという。また、林が高等学校三年のときに、すでに「ぼくが感じるこのたまらない空虚さ。この原因は、知的探求心に価値の絶対的優位をおいてきた誤謬の結果である」と書いていることに注目する。林はまた、「ぼくの現在の危機は、精神の動揺なのだ。そして知的好奇心の外に自分の拠りどころを持たなかった生命全体の動揺なのだ。これを救い得る唯一のものが、愛の認識である」とも記していた。吉田はこれらの言葉は、高邁な理念を掲げる清澄な内なる世界が、雑事にまみれた物質的現実に直面したときに生じる壁を予感していたかのようだという。

一九七六年の「青年は何のために戦ったか」（著作集下）では、特攻兵等の「悠久の大義」を語る言葉と「自分には空白しかない」という正直な告白とのギャップを超えようとする試みがどのようなものであったかを問うているが、ここでも林尹夫の手記が引用されている。

——しかしおれは、軍隊に奉仕するものではない。おれは現代に生きる苦悩のために働く。（中略）おれは軍隊とか、あるいは機構的にみた日本の国のためでなく、日本の人々のために……いな、これも嘘だ。おれが血肉をわけた愛《いと》しき人々と、美しい京都のために、闘おうとする感情がおこる。つまらぬ、とも、わけが判らぬ、とも、人は言うがよい。

おれはただ、全体のために生きるのではないのだ。全体がその生命を得ぬと、個人の生命が全うできぬがゆえに、おれは生きるのだ。

吉田はこの発言に共鳴しているようだ。

難問の中を生き続ける

もちろんこれが名答というわけではない。「悠久の大義、いや空白のみ」——この間に引き裂かれながら、かろうじて答を見いだそうと苦闘していた若者の内面を思い起こすべきだと吉田はいう。戦争に身を投げ込んだ青年たちは、「平和とナショナリズム、自由と同胞愛、正義の立場と不義の立場、戦争への疑問と忠誠義務」といった「いく重にも折り重な」る難問におおいかぶさられていた。それを振り払うことはとてもできなかった。そして、次のように書き加えてもいる。

（しかし世界をおおうこの混乱と矛盾は、三十年前も現在も基本的な変化はない。それを一挙に収拾する結論を、今日まだわれわれは手にしていないのである）（同前）

戦艦大和の沈没に際して死に直面した時から吉田の魂を苛み続けた「虚無」であるが、吉田は次第にそれを現代世界の構造そのものがはらむ困難に根差したものとして捉えるようになる。若者が極限状況の中で衝撃的に見とどけてしまった内面の空虚だが、時を経てその後の自らの生に照らし他者の経験に照らして考え直していくうちに、現代世界の困難の表れとして受け止められるようになった。まずは、同世代の若者に共通の経験として探究されたが、そうするうちにさらにそれは現代世界に生きる人々皆が共有する困難と見えてくるようになる。

それはたとえば、「戦争と平和」をどう対置し、その対置をどう生きていくかという倫理的な問題として意識されている。

しかもわれわれは、戦争が人間の本性にどれほど深く喰いこんでいるかを知りつくし、したがって単に戦争の外形的な残虐さを強調するだけでは、戦争を防止するのにいかに無力であるかをわきまえているはずである。戦争の悲惨さに対する嫌悪感、自分は戦争にいっさいかかわりたくないという逃避的な反戦意識だけで、平和を守りえないことは、歴史が証明している事実なのだ。

戦争の悲惨さの実感に徹する以上は、自分だけが戦争から身を避けようとする姿勢ではなくて、自分の生活の中から〝平和〟に相反する行動原理を駆逐すること、何よりも人間を尊重し、人間の生活の重みをいつくしむこと、そのことのために、地道な潜心が積み重ねられなければならない。(「散華の世代」)

五　他者に即して戦争の死を捉え返す

日系二世の日本軍兵士

吉田満は一九七〇年代になって三つの伝記、または中篇小説を公表した。このうち、『臼淵大尉の場合』は、戦艦大和で生死の境をともにした同世代の近しい若者の物語だ。あとの二篇はともに戦艦大和で戦死した人物の物語だが、それぞれ異なる意味で吉田とは立場が大きく異なり、仲間ではなく他者の物語だ。そして、それらは戦争の、また戦争による死の無惨さについて、吉田や同世代の若者の死とは異なる視覚から光を当てる可能性をもったものだった。

どちらも重要な作品だが、ここでは『祖国と敵国の間』(著作集上)を紹介する。これは戦艦大和で戦死したアメリカ生まれの日系二世の人物を主人公としている。物語中では太田孝一と名づけられているが、本名は中谷邦夫である（千早、前掲書）。中谷邦夫は一九二一年、カリフォルニア州北部の果樹園を営む家に長男として生まれた二世である。カリフォルニア大学一年から慶応大学に留学したが、日米開戦のため帰国の機を失い学徒出陣で召集された。暗号士としての訓練を受けて大和に乗ったので、副電測士である吉田とは近い部署だった。

吉田は戦後のかなり早い段階から中谷の母菊代と文通で接触をもっていた。また、一九五七年から五九年に日銀の駐在参与付として二年間ニューヨークに単身赴任し、その間にサンフランシスコに飛んで中谷の母と出会う機会をもった。そのようにして、日系移民の戦争体験の、また、日本軍、アメリカ軍双方での日系二世兵士の体験への理解を深めていた。『祖国と敵国の間』として発酵するまでに長い熟成の時間があったことが察せられる。

太田孝一は、この時代に生をうけた若者として、あるいは数奇な運命をたどった一人であるかもしれない。それと時期を同じくしてアメリカで強制隔離の苦難をなめた太田家の不幸は、類例を求め難いほど特異なものであるかもしれない。しかし実態に立ち入ってみれば、それは私自身を含めた多くの同時代の青年が、また日本の無数の家庭、家族が、痛みをもってわかちあわねばならぬ悲劇にほかならないという感懐が、この小伝の執筆を思い立った動機である。

何がそう思わせたのか。太田孝一という二世の青年の死と死がわれわれに残していった意味が、人間の宿業にかかわる根の深さ、底辺のひろがりの広さに、おそらくそれは根ざしているのであろう。

二世兵士の苦悩と覚悟

　ここからは、物語の世界に即して中谷邦夫ではなく太田孝一のこととして紹介していこう。戦艦大和で彼が大切にしていた本は、カール・ヒルティの『幸福論』の英語版だったという。言葉で苦労することが多かった太田だが、日米開戦の衝撃を静かに受け止めたらしい。「最も親しくしていた二世の友人には、気を許して『戦争は悲しい。両親と弟たちを、いつか敵にまわさなければならない日が来るだろう』と打ち明けて」いた。やがて寮に特高（特別高等警察）が訪ねてくるようになる。英語をしゃべるときは天皇制や帝国主義の批判を雄弁に語る中谷だが、特高には相手をわきまえ上手に答えていたという。

　だが、やがて進んで「大和魂」という言葉を口にするようになり、他の二世学生らよりも早く丸坊主にしたという。「二世は善良な市民としてアメリカに忠誠をつくせ」ときびしく教えられてきた者が、「大和魂は日本のために死ぬことだ」と公言するようになるのは、生半可な状況適応などではない、と吉田は述べる。

　ひそかな自問自答の末に彼がここまで言い切った心情の底には、最も強い動意《ママ》として、二世の誇りを賭けて血を分けた日本人の同胞におくれをとるまいとする意地があり、それによって一世の親たちの名誉を守ろうとする念願があったものと思われる。すでに日米両国が決裂し同時に二つの国に仕えることが叶わぬとすれば、両親から受けた恩恵に報いる道は、祖国への殉死のほかに考えられなかったのだ。

二世として日本で受けた屈辱の経験が背後にあることを吉田は強く意識している。というのは、大和の艦上で吉田が見ていたのは二世を小馬鹿にする同僚たちの言葉に静かに耐える太田（中谷）の姿だったからだ。それはこの作品の冒頭に印象深く描かれている。

「貴様はネーヴィーのくせに金ヅチも金ヅチ、犬かきさえできんそうだが、アメリカはぜいたくばかりしているくせに、学校にプールもないのか」

「フネがボカ沈のときは、どうするんかな。アメリカにいるオフクロさんが泣くぞ。まあ、この不沈艦大和にのっている間は大丈夫だがね」

「オイ、なんとか返事をせんか。二世というのは、口惜しがることも知らん腰抜けどもか」

「母は、たとえわたしが大和で死んだとしても、いえ、わたしは死ぬつもりでいますが、母は、けっして悲しみません」

二世として日本の使命に殉ずる

太田はこうした侮蔑の言葉を聞き流したわけではない。高い誇りとともに内に秘めた強い決意があったのだ。

自分たちの決意と勇気を行動にあらわすことによって〝二世、二世〟と侮られた恨みを晴らしたい、恥ずかしめをうけた汚名をそそぎたいという思いを、彼は二世仲間にむかって、口癖の“We will show them”という英語の断定にこめて吐き出した。彼はこの四語を、短く切った巻舌で力強く発音した。

二世は不可避的に日本軍に徴兵される道を選ばなければならなかったわけではない。強く望めばアメリカに帰るチャンスがなかったわけではない。太田はそのような可能性をどれぐらい考慮したのか。ほとんど考慮せずに残留を決めたに違いない。吉田は太田（中谷）の知人たちにそのあたりの聞き取りを行ったようで、このように述べている。

理論好きの太田は、その動機をみずから解明する筋道を立てていたにちがいないが、断片的にもらしていた口振りから察すると、自分の血はアメリカ人ではなく日本人のそれであること、白人社会のかかげる〝平和〟の理想は独善的で欠陥があり、有色人種がその補完の役割をになう余地があるとすれば、ここまで運命の手に運ばれてきた自分として、そのための日本民族の使命の達成、あるいは夢想の実現に青春を捧げて悔いないことが、残留の道を選ぶよりどころだったと推測される。

太田は臼淵大尉に高い敬意を寄せていた。それは臼淵が太田の勤務ぶりを称賛し、太田を軽んじるような態度を改めるようたしなめたということとともに、「日本が〝真の進歩を重んずる〟国に生まれかわるために、その礎えとなるならば死んでも悔いはない」という臼淵の言葉を印象深く受け止めていたからではないか。ただ、太田は「進歩」という言葉に違和感をもっていたらしい。「日本にとって大事なのは〝進歩〟ではなく、〝勇気〟ではないか。本当のことを本当だと認める勇気ではないか」。太田はこう考えていたはずだと吉田は述べている。

死の経験を他者に照らして見直す

避けられない死を迎える太田の思考は、ふつうの学徒出陣の兵士の考えとはやや異なっている。戦争による死の意味・無意味をめぐって、二世学徒兵士が皆そのように考えていたというわけではないが、太田のような受け止め方をしていた者もいた。吉田はそのことを記録しておきたかったに違いない。

だが、『祖国と敵国の間』はそれだけを述べているのではない。アメリカにいて収容所生活を余儀なくされた太田の母（中谷菊代）や他の一世、二世のことを念頭に置きながら、彼らの戦中、戦後の生活についてもかなりのスペースをさいて述べている。四〇代以降の吉田は、自ら一生をかけて考え続けた問いを課した戦艦大和という舞台を離れることはなかったものの、かなり広い視野から戦争を見直そうとした。自分の戦争体験を、あるいは自分に近い学徒兵の戦争体験や死生観を相対化しようとする眼差しの成熟がうかがわれる。

他方、『提督伊藤整一の生涯』では、第二艦隊長官として大和とともに沈んだ伊藤整一（一八九〇―一九四五）の生涯を描くとともに、愚劣とも評される沖縄特攻作戦の実行を決定した日本海軍の関係者にも論及している。そこに日本海軍に欠けていたものは何かを吉田なりに問い直そうとする執念のようなものも感じられる。それとあわせて伊藤がアメリカ留学中に親交を結んだアメリカ海軍のレイモンド・スプルーアンス（Raymond Ames Spruance、一八八六―一九六九）についてもかなりのスペースをさいて描き出している。日本の海軍を相対化しようとする試みと言えるだろう。

これらの作品を通して、吉田は死に直面した自らが生々しく見てしまったと感じた「虚無」について、また戦争末期に日本の若手士官が問うた戦争の意味・無意味についての問いを、より大きな歴史的展望の下で捉え返そうとした。そのことによって、『戦艦大和ノ最期』とともに吉田が体験した死の深淵の意義が、またそこから現れてきた新たな死生観の様相が大きく変わってしまったわけではない。むしろ若き吉田が直観したものが、豊かな膨らみをもって描き続けられていったと言うべきだろう。

第6章　がんに直面して生きる

一　死生観の類型論

『死を見つめる心』と『死の淵より』

第1章でも述べたように、ホスピス運動が日本でも受け入れられ、市民の間でそれぞれの死生観を問う動きが高まるのは一九七〇年代のことだ。がんに代表されるような死期が予測される病に直面して最後の時をよりよく生きるための自覚が、またそうした時を送る人々のための精神的な面での支援の必要性の認識が多くの人々に分けもたれる時代が来た。

とはいえ、当時はなおがん告知は進んでおらず、死に直面しながらも死期を明瞭に意識する人はまだ少なかった。二〇一〇年代の現在、がんで死ぬ人は全体の三分の一とされる。死を意識して最後の数年、数ヶ月を生きることが今では当たり前になっている。死生観を問う人の範囲が拡がったことと、病を得て死期を意識して生きる人が増えたことに関わりが深いのは明らかだろう。

死期を意識したもの書きはこれまでにも多数いた。だが、多くのがん患者とともに医療機関に身を浸しながら死を意識して生きる、というのは新しい経験だ。そしてそのような境遇の人々が印象深い死生観の叙述を行い、多くの人々の共感をよぶようになる。この章ではそうした死生観叙述の、先駆的で代表的な二篇を取り上げたい。一九六四年に死を迎えた岸本英夫の『死を見つめる心』と一九六五年に世を去った高見順の『死の淵より』である。ともに強靭な精神力で死に向き合い、多くの人々が「死生学」に関心をもつ時代の先触れとなった。

岸本英夫（一九〇三―六四）と高見順（一九〇七―六五）は、それぞれ五一歳と五六歳の時に致死的と予想されるがんが発見され、病苦と迫り来る死の脅威に耐えながら、宗教学者及び作家・詩人として明晰な知性をもち続け、死に直面して生きる生について語り、人々の心を揺さぶった。岸本英夫『死を見つめる心――ガンとたたかった十年間』（講談社、一九六四年、文庫版、一九七三年）、高見順『詩集　死の淵より』（講談社、一九六四年、文庫版、一九七一年）の二著である。

両者は「現役」としての意識を十分に保ちうる年齢だっただけではなく、その分野の有力な指導者的な存在でもあったが、いのちを失おうとする一人一人の人間に立ち返った死生観表現を残すことで、分野をはるかに超えた幅広い読者に感銘を与えたのだった。

宗教学者として死生観を捉える

岸本英夫はがんが検出される六年ほど前の一九四八年に、すでに宗教学者として「生死観四態」という文章を発表していた。なお岸本は「死生観」ではなく「生死観」という語を用いる。第2章で述べたように、一九八〇年代以降の日本では「死生観」の方が有力だが、東アジアの他の諸地域では「生死観」も有力だ。日本でも一九七〇年代までは「生死観」もよく用いられていた。

一九四八年に書かれた岸本の「生死観四態」(以下、岸本の文章はいずれも『死を見つめる心』所収)では人類史上の死生観が四つの類型に分けられている。

一、肉体的生命の存続を希求するもの
二、死後における生命の永存を信ずるもの
三、自己の生命を、それに代る限りなき生命に托するもの
四、現実の生活の中に永遠の生命を感得するもの

一は不老長寿を求める中国の神仙や、肉体での復活を信ずる古代エジプトやキリスト教やイスラームのある種の信仰形態を指す。二は肉体による生命の永続ではなく、霊魂の永続を求めるものだ。キリスト教・イスラームの天国、地獄の思想や仏教の浄土信仰、あるいは輪廻の思想もここに含まれる。三は死後も存続していく自己以外のもの、たとえば自分が作った作品とか、子供

や子孫とか、民族や国家とかを通して、自己の生命が生きつづけていくと考える場合だ。四は「生命を時間的に引き伸ばそうと努力する代りに、現在の刻一刻の生活の中に、永遠の生命を感得せんとするもの」を指す。生命の永存の問題を「時間」から「体験」に置きかえるものだということだ。

現世主義者の来世観

四の例として、すぐれた作品の創造に打ち込んでいる画家の心境が例にあげられている。

巨匠が、画面に没入して、一心不乱に画筆を運んでいる。長年にわたって鍛え上げられた画ごころ、入神の技、それらのすべては、いまや描かれつつある画題、描き出さんとする意欲の凝《こ》った一点に集中され尽している。いささかの雑念もなく、澄み透った心境である。世界を忘れ、人間を忘れ、時間を忘れたかのような境地に没入する時、人間の心の底には、豊かな、深い特殊な体験がひらけて来る。永遠感とも、超絶感とも、あるいはまた、絶対感ともいうべきものである。この輝かしい体験が心に遍満する時、時の一つ一つの刻みの中に永遠が感得される。現在の瞬間の中に、永遠が含まれている。画筆の運びの一筆々々が、時間を超えた永遠なる運びとなる。

この例は伝統的宗教とまったく関わりなしに感得できる境地のようだが、岸本は禅の悟りの境地や一神教、多神教の神信仰のある種の形態にもこうした境地がありうると述べている。また、これは特殊な体験の瞬間においてのみ感得されるだけではなく、日常茶飯の立ち居振る舞いの中でも持続的に維持できるものだとも述べている。

そこまで行くとなかなか到達しがたい境地のようにも思われるかもしれない。だが、時にそうした境地になりうるということなら、思い当たるふしがある方も多いのではないだろうか。

この整理に従うと、「来世への信仰」と言えるような、伝統的宗教の生命永続の信仰は一と二の類型に入る。それに対して、三と四は「来世への信仰」とは言えないが、「生命永続の信仰」と言えるようなものだ。こうした立場の人がどのぐらいの割合いるのか、適切な統計的データが見いだせない。しかし三と四の類型は、たぶん現代の日本人にもだいぶ支持者が多いのではないか。近代化が進んだ社会では、伝統宗教の教えをそのままの形で信ずることはできないと考える人が増えた。四つの死生観の類型のうち三と四の類型は来世の観念が伴わないので現世中心的、あるいは現世主義的と言える。自らも現世主義者と自覚する岸本は現世主義者にふさわしい来世観をそれなりに基礎づけようとしていたのだった。

二　岸本英夫――「生命飢餓状態」と「別れのとき」

がん告知の衝撃

ところが、数年後、宗教学的な知識を駆使した死生観論議が吹き飛ぶような事態が突然、岸本を襲った。その時のことは、『文藝春秋』一九五五年十月号に発表された「アメリカで癌とたたかう」という文章に如実に描き出されている。書き出しはこうだ。

私は、そうしたことをまったく知らなかった。しかし、その前日、一九五四年の九月十七日の夕刻、W教授夫人のところに、S医から電話がかかって来たそうである。私は、その当時、そのW教授の大きな家の二階に寝起きしていた。スタンフォード大学に客員教授として滞在中であって、W夫妻の世話になっていたのである。電話のS医は、かかりつけの医者であった。S医は、

「今、そこには、他にだれもいないか。この電話でなにを話してもだいじょうぶか。」

と念を押したそうである。W夫人が、自分ひとりしかいないから大丈夫だと返事をすると、

「実は、今、外科医のクレスマン博士から報せがあった。ミスター・キシモトの左頸部のカタマリの中に、意外にも、癌の細胞を発見した。事態は重大だから、最善の方法をとらなくてはならない。」

W夫人は、それをきいて、体のふるえが十五分ほども止まらなかったという。

岸本はスタンフォード大学（パロアルト市）滞在中に顎の左下の部分に「異様なカタマリ」ができているのに気づいたが、数ヶ月経っても小さくならない。そこで組織をとって検査することになった。とくに心配はしていなかったという。ところが、検査の結果に対する医師の説明は「あなたの病気は悪性腫瘍です。医者としてはあなたの生命を、半年までは保証することができます」というものだった。

その日から迫り来る死の脅威と戦う日々が始まった。最初の手術は成功でいったんは安堵したが、四年後に再発、その後度々手術を繰り返すこととなった。その間に岸本は、宗教学的な死生観の研究ではなく、自ら自身の死生観を磨いていくことになる。

生命飢餓状態に身をおいて

一九六三年に哲学系の雑誌『理想』に公表された「わが生死観——生命飢餓状態に身をおいて」では、その経緯が次のように述べられている。

生死観を語る場合には、二つの立場がある。第一の場合は生死観を語るにあたって、自分自身にとっての問題はしばらく別として、人間一般の死の問題について考えようとする立場である。これは、いわば、一般的かつ観念的な生死観である。もちろん、自分も人間であるから、自分というものも、広い意味では、その中にはいっている。このような生死観も有用である。自分も含めた意味での人間の生死観の考え方を整理しておくことは、いざという場合の基礎的な知識となるからである。

しかし、もっと切実な緊迫したもう一つの立場がある。それは、自分自身の心が、生命飢餓状態におかれている場合の生死観である。腹の底から突きあげてくるような生命に対する執着や、心臓をまで凍らせてしまうかと思われる死の脅威におびやかされて、いてもたってもいられない状態におかれた場合の生死観である。ギリギリの死の巌頭にたって、必死でつかもうとする自分の生死観である。

「生命飢餓状態」という激しい言葉が用いられているが、これは岸本が発病し初めて間近い死の可能性を示されたのが、五一歳の時であったことを念頭に置くべきだろう。「生命飢餓状態」について、岸本は何とかそれを読者に伝えようと骨を折っている。

人間が生命飢餓状態に陥るのは、戦場に赴くとか、病気になるとか、自分の生存を続けてゆく見通しが断ちきられる場合に限る。それも目前の近い将来である場合に限る。生命の危険の場におかれても、それを超えて生き続ける望みのある場合には、人間はその希望の方に重点をおいて、それを頼りにするので、生命飢餓感は、本格的には起ってこない。それが起ってくるのには、生存の見通しが絶望にならなければならない。死刑囚の刑が最後的に決定するとか、神風特攻に出かけてゆく日がきまるとか、癌で手遅れを宣告されるかというような場合である。

この文章の執筆時、すでに八年にわたって「生命飢餓状態」に置かれ続けた岸本ならではの経験が詰まったずしりと重い文章である。

死の暗闇に素手で立つ

そして、岸本は何とか「生命飢餓状態」の位置から死生観を語ろうとする。そのような言葉を求め、何とか探り当てたという感触が文章に表れている。

生命飢餓状態におかれた人間が、ワナワナしそうな膝がしらを抑えて、一生懸命に頑張りながら、観念的な生死観に求めるものは何であるか。何か、この直接的なはげしい死の脅威の攻勢に対して、抵抗するための力になるようなものがありはしないかということである。それに役立たないような考え方や観念の組立ては、すべて、無用の長物である。

一つの可能性は死後の生を認めることである。だが、岸本はこれをきっぱり拒否する。「そのような考え方はどうも、私の心の中にある合理性が納得しない。それが、たとい、身の毛がよだつほど恐ろしいことであるとしても、私の心の中の知性は、そう考える。私には、死とともに、すなわち、肉体の崩壊とともに、『この自分の意識』も消滅するものとしか思われない。私自身は死によって、この私自身というものは、その個体的意識とともに消滅するものと考えている」。

岸本は死後の世界は「私にとっては、それは、真黒の暗闇であった」、とさえいう。

ところが、岸本は死は暗闇であると覚悟し、「死の暗闇の前で素手で立」つことによって新しい視界が開けたという。死には実体がないのであり、光である生命だけが実体をもつものだ。その生命の一刻一刻を大切にすることこそが重要なのだという。「人間には、生命がある。五十年か六十年か生きているが、その寿命の中の一日々々は、どの一日も、すべて人間にとっては同じように実体としての生命である。どの一日も同じように尊い。そのいのちのなくなる日まで、人間は生命を大切によく生きなければならない。死というのは別の実体であって、これが生命におきかわるのではない。ただ単に、実体である生命がなくなるというだけのことである」。

「別れのとき」という気づき

このように生命だけが確かにあるという考え方をもったとき、「ギリギリの限界状況まできて、逆に、大きな転回をして、生命の絶対的な肯定論者になった」という。もっぱらどうすれば「よく生きる」ことができるかを考えるようになったともいう。だが、そのように生きていてもやはり生命飢餓状態は残る。そこで「別れのとき」という考えが浮かんできた。

人間は、一日々々をよく生きながら、しかも同時に、つねに死に処する心構えの用意をつづけなければならない。私は、生命をよく生きるという立場から、死は、生命に対する「別れのとき」と考えるようになった。立派に最後の別れができるように、平生から、心の準備を怠らないように努めるのである。

「別れのとき」という言葉の意味はある程度理解できるが、その深い意味ということになると必ずしも分かりやすいものではない。ヒントになるのは、一九六一年のＮＨＫテレビ放送に基づく「別れのとき」という文章だろう。そこではこの言葉を思いついたきっかけについて記されている。日本女子大学の創立者である成瀬仁蔵に触発される経験があったという。

成瀬先生は肝臓癌にかかり、医者は、それをかくしていたが、先生は自分の病気を知っていた。いよいよ死が近づいたという頃、先生は、椅子にかけたまま病院から女子大の講堂にはこばれて来て、全学の学生の前で告別講演をおこなった。その講演は、たいへんな感激を聴衆にあたえたそうである。二年ほど前のある日、私は、女子大の成瀬先生記念会で講演をたのまれ、準備のために、先生の書かれたものをよんだ。その時に、私は、ふと、「別れのとき」ということに気がついたのであった。

死というのは、人間にとって、大きな、全体的な「別れ」なのではないか。そう考えたときに、私は、はじめて、死に対する考えかたが、わかったような気がした。

「大きな、全体的な」別れというところに注目したい。「別れ」を生きることは、自らの生の全体と大きな世界（宇宙）そのものの実在性とを肯定することと考えられているようだ。

それまで、死と無といっしょに考えていた時には、自分が死んで意識がなくなれば、この世界もなくなってしまうような錯覚から、どうしても脱することが、できなかった。しかし、死とは、この世に別れをつげるときと考える場合には、もちろん、この世は存在する。すでに別れをつげた自分が、宇宙の霊にかえって、永遠の休息に入るだけである。

岸本のいう「別れのとき」の死生観は、「生死観四態」にあった「三、自己の生命を、それに代る限りなき生命に托するもの」、「四、現実の生活の中に永遠の生命を感得するもの」と重なりあいながら微妙に異なったもののようだ。型に入れてしまえばその独自性が見失われるような力強い何かが豊かに含まれている。

事実、「生命飢餓状態」を長期に生き抜いた岸本の死生観の表現は、それに近い状態を経験することが予期される現代人が、それぞれに「わが死生観」を養う助けとなる生の記録であり続けている。

三　高見順――予期される死から間近な死へ

がんに気づいてから世を去るまで

作家の高見順は毎日欠かさず日記を付けていた。だから、彼が食道がんの兆候に最初に気づいたのがいつかもだいたい分かっている。一九六三年九月一六日の日記に、「食事のとき、何か食道につっかえる感じがする。この夏からのことである。／食道ガンの初期の徴候として、本に書いてあった『感じ』とよく似ている」とある。それを知った友人の作家、今日出海や編集者の池島信平が心配して、千葉大学附属病院の中山恒明教授の世話で検査をすることになった。『高見順　闘病日記』（上・下、岩波書店、一九九〇年刊）はその検査の日、一〇月五日から始まっている。

外来で担当医を紹介されたその日から検査とともに、コバルト照射が行われる。その日の日記には、「『X線所見』というのを見て、がっかりと言うか、なんと言うか——。『撮影部位』に、食道、胃、胸と書いてある。図が描いてある。それを私はガンが食道と胃と胸の三箇所にあるものと解釈する」とある。入院して翌日、六日も検査とコバルト照射だ。「犬がないている。たくさんの犬のなき声——。朝もこのなき声が耳について困った。病院の実験用の犬ではないか。殺される犬ではないか。幼い声のもあった。かぼそい、哀れななき声——」。この日の日記の最後は以下の通り。

死を思うべきか。

生を——たすかるかもしれんと思うべきか。

ガンは常識としてたすからない。だからかえって、僥倖を思う。

中山教授による手術は一〇月九日に行われ、一一月末に退院した。だが、八ヶ月後の六四年六月、再度入院。それから翌一九六五年の三月にかけて中山教授の勤務先の病院が変わるのに従って転院し、二度目、三度目、四度目の手術を受ける。だがその甲斐なく一年一〇ヶ月の闘病の末、六五年八月に逝去した。

がん告知以前の死の意識

『死の淵より』は三部に分けられ、その後に「『死の淵より』拾遺」、「『わが埋葬』以後」が置かれている。「Ⅱ」に収められたのが最初の入院の直前に書かれたもの、「Ⅰ」は最初の入院中に書き留めたものをもとに退院後に書かれたもの、「Ⅲ」は退院後に家で書かれたもの、「拾遺」は主に「Ⅰ」「Ⅲ」の詩篇が書かれた時期に下書きされたが当初は発表されなかったもの、「『わが埋葬』以後」は六三年一月に刊行された詩集『わが埋葬』以後、『死の淵より』以前に書かれたものである。二回目の入院以後は詩は書かれていないから、『死の淵より』に収録された諸篇は、六三年九月から六四年の六月までの数ヶ月の間に書かれたものだ。

高見順も岸本英夫と同じように、がんが検出される前から死をテーマにした作品を書いていた。戦後すぐの時期にともに詩誌を出していた上林猷夫《みちお》も言うように、『わが埋葬』にはその題から分かるとおり、死が強く意識された作品が多く収録されている（『詩人高見順——その生と死』講談社、一九九一年）。「わが埋葬」というのが、これまでの自己としては死んで自らを埋葬し、そして新たにゼロからの生を生きるというような比喩的な意味であるとしても、そこに死の意識が色濃く漂っているのは確かである。

さまざまな時のなかで

よしよしとなだめて
自分を寝かしつける時が
さまざまな時のなかで
私に一番気に入つている
そんな生き方が私に合っているのだ

私にそれが一番合つていると
ある時　それを私は教えられたのだ
いつも私が歩いている私ひとりの山道の
空白のような時のなかの
おお　その今も私のなかで生きている時よ

いつも私がその山道で見すごしている

名も知らない寂しい樹木がその時
そっと私にささやいて教えてくれたのだ
そんな生き方で樹木はずっと生きていたのだと
そして私よりもつと永く生きねばならぬのだと

おやすみ　おお　夜の樹木よ私の友人よ
生きるに値しないかもしれない生を
生あるかぎりは生きつづけるために
生きがたい酷寒と暗黒のなかで
君は今夜も自分を寝かしつける

初めて自らががんに病んでいることを知った岸本英夫は、この詩の言葉で言えばその晩の「自分を寝かしつける」際の苦悩について印象深く書き残している。「生きがたい酷寒と暗黒のなかで」は死が間近であることを知った人の夜の意識を象徴してはいないだろうか。

すぐですねと言うかもしれない

『死の淵より』の「『わが埋葬』以後」に収録された「まだでしょうか」となると、ユーモアの中に死の接近の無気味さがユーモラスに、しかし迫真性を伴って描かれていた。
　まだでしょうか

まだでしょうかと　そいつがうしろから
猫撫で声で　おれにささやく
まだ？　まだとはなんだ
おれは何も共同便所で小便をしているのではない
まだ達者で歩いているおれのあとを
足音を忍ばせてこそこそつけてくるのはよせ

なまぐさいそいつは何物だろう
そいつはどんな面をしているか
そいつの正体を見とどけてやりたいが
振り向いたおれに
眼鼻のないずんべら棒の顔を
そいつは見るにちがいない
そしてそいつは一向に驚かないで

すぐですねと言うかもしれぬ
そいつにそんなことを言わせたくないから
おれは振り向かないで我慢しているのか

そいつはそいつ自身のことを
おれに聞いているのかもしれないのだ
まだなまぐさいそいつは
おれのことを何かカンチがいしている
そう思うことがおれの口をとじさせている
おれをすたすたと脇目もふらず足早やに歩かせている

死ぬ前に「お迎えが来た」という人は多い。そのことを思わせる作品だ。まだ死が遠いと思いながらも、死を意識していないわけではない。そして死を意識することが自分にとって何か本来的な何かだと実は感じ取っている。そういう意識のあり方が巧みに表現されているようだ。

悲しみとともにあふれ出る愛

父親と会ったことがない自己の出生について苦しみ、自暴自棄になった青春や戦争を経験した高見順は、「死の準備」に習熟していたのかもしれない。そうでなければわずか数ヶ月の間に書かれた多くの詩の豊かさは理解できないだろう。しかし、平時に死を意識していても死を露骨に素材として作品として取り上げて人々の心を動かすのは、食道がんによる死を間近な事柄として意識してからのものである。

作者が置かれた状況に引き寄せられて、自ずから死別の悲しみへと引き込まれる詩がある。たとえば、これから入院してがんの手術を受ける、そのために乗った電車で、世界とまた人々との別れを歌った「青春の健在」と「電車の窓の外は」だ。

「青春の健在」では学校や職場に行く人々を見ながら、自らの若き日を思い返す経験を率直に歌っている。川崎駅で若者たちがどっとホームへあふれ出て行く。詩人はその光景に胸がいっぱいになっている。

ホームを行く眠そうな青年たちよ
君らはかつての私だ
私の青春そのままの若者たちよ
私の青春がいまホームにあふれているのだ
私は君らに手をさしのべて握手したくなった
なつかしさだけではない
遅刻すまいとブリッジを駆けのぼって行く

若い労働者たちよ
さようなら
君たちともう二度と会えないだろう
私は病院へガンの手術を受けに行くのだ
こうした朝　君たちに会えたことはうれしい
見知らぬ君たちだが
君たちが元気なのがとてもうれしい
青春はいつも健在なのだ
さようなら
もう発車だ　死へともう出発だ
さようなら
青春よ
青春はいつも元気だ
なお体力にゆとりがあったこの頃、世界と他者と自分の人生への愛が行き場を失い、内にあふれ出て胸が詰まる。別れの悲しみとそれと裏腹の愛とが美しく対照されている。

身の回りに満ちるいのちの輝き

「電車の窓の外は」は第1章で見てきたように「おくりびと」の原作である青木新門の『納棺夫日記』にも引かれている。死の闇がすぐそこに見えてくると、同時にこれまでよく見えていなかった大いなる光源が姿を現す、そんな経験がこれまたまことに分かりやすく歌われている。すべてと別れなければならない重い悲しみに心がふさがっているのだが、それは万人万物へのあふれ出る愛や喜びや共感の感情として感じとられるのだ。青木が引用しているところの最後の部分とその続きを引用しよう。

だのに私は死なねばならぬ
だのにこの世は実にしあわせそうだ
それが私の心を悲しませないで
かえって私の悲しみを慰めてくれる
私の胸に感動があふれ
胸がつまって涙が出そうになる
団地のアパートのひとつひとつの窓に
ふりそそぐ暖い日ざし
楽しくさえずりながら

飛び交うスズメの群
光る風
喜ぶ川面《かわも》
微笑のようなそのさざなみ
かなたの京浜工場地帯の
高い煙突から勢いよく立ちのぼるけむり
電車の窓から見えるこれらすべては
生命あるもののごとくに
生きている
力にみち
生命にかがやいて見える
もし、このようないのちの輝きを意識できるとすれば、間近に迫る死に向かう生を希望を失わずに過ごせるのではないだろうか。

四　死に向かう旅路

閉ざされていく心

最初の手術後、「I」に収められた作品では、このような高揚感はもはや見いだされない。悲しみに閉ざされた心がかろうじて無惨な声をしぼり出している。この時期には体力がかなり落ちていたはずだ。また苦痛の緩和の技術が発達していなかった六〇年代のがんの治療はたいへんだった。気力を維持するのも容易なことではなかったはずだ。同じく駅や鉄道を歌っても、「汽車は二度と来ない」という詩ではまったく趣が異なる。

この作品は「わずかばかりの黙りこくった客を／ぬぐい去るように全部乗せて／暗い汽車は出て行った」と始まる。もうそこにいる理由はないのだが、「なぜか私ひとりがそこにいる」。死を前にまったく何もできない状態に、ひとり放り出された自己が描き出されていく。

汽車はもう二度と来ないのだ
いくら待ってもむだなのだ
永久に来ないのだ
それを私は知っている
知っていて立ち去れない

死を知っておく必要があるのだ
死よりもいやな空虚のなかに私は立っている
レールが刃物のように光っている
しかし汽車はもう来ないのであるから
レールに身を投げて死ぬことはできない

詩人は悲しみにふさがれている。そして、無力にもかかわらずけっして静まることなく死に逆らおうとする心を、そのとおりに表現している。たとえば、「泣きわめけ」と題された短詩がある。

泣け　泣きわめけ
大声でわめくがいい
うずくまって小さくなって泣いていないで
膿盆《のうぼん》の血だらけのガーゼよ
そして私の心よ

岸本のいう「生命飢餓状態」を「膿盆の血だらけのガーゼ」の喩えで暗示している。むしりとられていくいのちのガーゼをさらに引き裂いてしまいたいような、鎮めがたい衝動が衝き上げてくるようだ。

存分に生きた

だが、また自分を納得させる試みもなされる。読み進んでこうした詩篇に出会うとほっとする。そうだ。これでよかったのだ。よくやった。ご苦労様と自らに語りかける時も来るのだろう。「おれの食道に／ガンをうえつけたやつは誰だ」で始まる「おれの食道に」は、こう歌われている。元気に世界と、また自分と渡り合ってきた生涯を思い出し、死を前にした苦闘をねぎらう作品だ。

おれは今ガンに倒れ無念やる方ない
しかも意外に安らかな心なのはあきらめではない
おれはもう充分戦ってきた
内部の敵たるおれ自身と戦うとともに
外部の敵ともぞんぶんに戦ってきた
だから今おれはもう戦い疲れたというのではない
おれはこの人生を精一杯生きてきた
おれの心のやすらぎは生きるのにあきたからではない
兇暴だったにせよ　だから愚かだったにもせよ

一所懸命に生きてきたおれを
今はそのまま静かに認めてやりたいのだ
あるがままのおれを黙って受け入れたいのだ
あわれみではなく充分にぞんぶんに生きてきたのだと思う
それにもっと早く気づくべきだったが
気づくにはやはり今日までの時間が
あるいは今日の絶体絶命が必要だったのだ

自然へ帰る旅

いくつかの作品では重苦しい悲しみや苦悩とやすらぎが、痛みの中にある身体とそれを超えて垣間見える至福の予感が、つまりは闇と光とが交錯していて感動的だ。詩人はそれを何とか物語に造形しようとしている。旅の喩えは大きな力になったのではないか。旅は寂しい。だが、もし「わが家」に帰る旅と感じることができるなら旅路は十分楽しむことができる。

帰る旅

帰れるから

旅は楽しいのであり
旅の寂しさを楽しめるのも
わが家にいつかは戻れるからである
だから駅前のしょっからいラーメンがうまかったり
どこにもあるコケシの店をのぞいて
おみやげを探したりする

この旅は
自然へ帰る旅である
帰るところのある旅だから
楽しくなくてはならないのだ
もうじき土に戻れるのだ
おみやげを買わなくていいか
埴輪や明器《めいき》のような副葬品を

大地へ帰る死を悲しんではいけない
肉体とともに精神も

わが家へ帰れるのである
ともすれば悲しみがちだった精神も
おだやかに地下で眠れるのである
ときにセミの幼虫に眠りを破られても
地上のそのはかない生命を思えば許せるのである

古人は人生をうたかたのごとしと言った
川を行く舟がえがくみなわを
人生と見た昔の歌人もいた
はかなさを彼らは悲しみながら
口に出して言う以上同時にそれを楽しんだに違いない
私もこういう詩を書いて
はかない旅を楽しみたいのである

安らぎのある詩だが、セミの幼虫にふれた二行はとくに気が休まる。生きものへの共感を思い出すし、痛切な「はかなさ」の意識を「楽しみ」に変える詩人の心の力は頼もしい。

そうだ。間近な死を前にして、このように「楽しさ」を考えることができればよいのか。そんなことを思わせる作品だ。死に向かう時間をわずかなりと楽しい旅路にすることができれば、土に帰ることは「安らかに眠る」ことだと納得できるのではないだろうか。

巡礼としての死

だが、凄惨な死への旅路が宗教的な次元を組み込んで、慰めに満ちたものともなりうることを示しえた作品として、「巡礼」を忘れることはできない。

人工食道が私の胸の上を
地下鉄が地上を走るみたいに
あるいは都会の快適な高速鉄道のように
人工的な乾いた光りを放ちながら
のどから胃に架橋されている
夜はこれをはずして寝る
そうなると水を飲んでももはや胃へは行かない
だから時には胃袋に睡眠薬を直接入れる
口のほかに腹にもうひとつ口があるのだ
シュールレアリズムのごとくだがこれが私の現実である

そこから「私にまだ食道があった頃」と転調して、ブッダガヤ訪問のときのことが語られる。

巡礼者や僧侶たちも印象的だったが自分自身もシュールな気持ちになったという。その経験を思い出しながら、今この病牀で究極の光を垣間見る幻想が語られていく。もちろん闇の力の重さ無惨さを書き留めながらではあるが、死＝光の世界への巡礼を思う自由が行使されている。

金色にかがやく仏塔の下で
大理石の仏像に合掌して眼をとじていると
暑さのためもうろうとなった頭が
日かげの風で眠けをもよおし
ノックアウトされたボクサーの昏睡に似た
一種の恍惚状態に陥ったものだ
暑熱がすごい破壊力を発揮しているそこの自然は
眼に見える現実としての諸行無常を私に示し
悟りとは違うあきらめが私の心に来た
蓮の花の美しさに同じ私の心が打たれたのもこの時だ

仏に捧げるその花はこの世のものと信じられぬ美しさだった
人工的な造花とは違う生命の美
しかも超現実の美を持っている

まさに極楽の花であり仏とともにあるべき花だ
それが地上に存在するのだ
涅槃《ねはん》がこの地上に実現したように
おおいま私は見る
涅槃を目ざして
私の人工食道の上をとぼとぼと渡って行く巡礼を
現実とも超現実ともわかちがたいその姿を私は私の胸に見る

死への旅路で豊かな心を育む

高見順の『死の淵より』は、死を前にして現代人がたどるであろう心の軌跡の諸相を印象深く描き出している。死を前にしてこそ感得される落ち着きを、痛切な悲しみ故にこそあふれ出る人々への愛に満ちた惜別の挨拶を、あるがままの無惨な死と閉ざされた孤絶を、そして死が慰めであり解放であるか細い可能性を。

これらの詩句は近代日本の死生観言説でさまざまに語られてきたものの新しい表現であり、またこの時期以降、多くの人々が自らの仕方で表現するようになるものの先駆的な形であるように思える。宮沢賢治の童話作品と同様、『死の淵より』には近代日本の死生観言説のさまざまな要素が組み込まれている。

死を前にした病苦を抱え、これらの作品を結晶させていくのに必要とされた身体的精神的な力はどれほどのものだったろうか。自分自身がそのような境遇に見舞われたとき、自分に何ができるか心もとない。だが、そうした折に高見順の詩句のいくつかを思い出すことができるとすれば、それは一つの支えになるだろう。宗教や儀礼、学問や思想の力とともに、現代人の心の琴線を揺するようなこうした詩句や音楽に親しむことができるとすれば、死への道を歩くことはいくらかなりと安らぎを増すかもしれない。

エピローグ

「死生観を読む」の意味は？

この本の題はいくつか違う意味で受けとることができる。少しひねった読み方から考えてみると、まず「日本人の死生観」について書かれた本を読み込むという意味に取ることもできる。日本人はどのような死生観をもっていたか。歴史的にどう変わってきたか。どのようなパターンがあるのか――こうした問題を論じた本を取り上げて解説するというものだ。本書はこの意味での「日本人の死生観を読む」ではない。

もっとひねった意味の取り方もある。実際には死生観について書くことを目指したのではないさまざまな文章やテクストから、人生の歩みから、あるいは芸術・技芸・造形物などから「日本人の死生観」を読みとるというものだ。文化のさまざまな様相から死生観を読みとる試みはなかなかおもしろそうだ。だが、本書はこの意味での「日本人の死生観を読む」でもない。

本書の「日本人の死生観を読む」の意味はもっとすなおなもので、「死生観」を表現した日本人の書物やテクストを読むというものだ。「死生観」と括弧を付けたが、死生観を自ら意識して書物や文章を書いたり、表現したりした人々に注目するということだ。だが、死生観を意識するというのにもさまざまな程度がある。死生観という言葉を自ら積極的に用いそれを自ら重要な主題と心得ている人ならまずはだいじょうぶだろう。加藤咄堂と吉田満と岸本英夫は合格だ。岸本の場合は「生死観」だが意味は同じだ。では、そうでない人はどうか。

この本では、死生観という言葉を本人が使っていないとしても、この人ならいかにもその語を使いそうだという人も取り上げている。柳田国男や折口信夫はだいじょうぶだろう。柳田は「幽冥観」の語を、折口は「他界観念」の語を積極的に用いている。残るは宮沢賢治、志賀直哉、高見順だが、彼らは文学者の中でも死に焦点をあてた作品が代表的なものとして知られ、よく読まれている人たちだ。彼らは「死生観を表現した文学者たち」と述べても納得してくれるのではないかと思う。

近代以後の死生観言説を問うということ

死生観という語は近代に作られた。では、これを近代以前にあてはめて用いることは可能だろうか。加藤咄堂はまさにそれをやったわけだが、もっと現代風に捉えるとしても、それは確かに可能だろう。たとえば立川《たつかわ》昭二の『日本人の死生観』（筑摩書房、一九九八年）には、西行、鴨長明、吉田兼好、松尾芭蕉、井原西鶴、近松門左衛門、貝原益軒、神沢杜口《とこう》、加賀千代女、小林一茶、滝沢馬琴、良寛が登場する。学ぶところの多い好著である。

他にも近代以前の死生観の思想史的研究はいくつもあり、意義深いものが多い。安蘇谷正彦『神道の生死観――神道思想と「死」の問題』（ぺりかん社、一九八九年）、高橋文博『近世の死生観――徳川前期儒教と仏教』（ぺりかん社、二〇〇六年）がある。少し話が飛ぶが古代から現代までの西洋の死生観の歴史を振り返ったものとしては、著名なフィリップ・アリエスの『死を前にした人間』（みすず書房、一九九〇年、原著、一九七七年）がある。

だが、本書では「日本人の死生観」の書き手を近代の人々に限り、加藤咄堂の『死生観』の前後から話を始めることとした。これはどういうことかというと、この本で扱う近代の死生観はいったん相対化され、反省的に捉え返された死生観だということだ。死生観、あるいはそれに類するような用語で表現できるような思想領域があり、意識的にその領域に関わる自らの思想を表現していこうとしているということである。加藤咄堂、柳田国男、折口信夫、吉田満、岸本英夫は確かにそうだ。宮沢賢治、志賀直哉、高見順になるとそこまでは言い切れないが、もし尋ねられれば自分の「死生観」についてまとまった話ができそうな人たちである。

その意味で本書は「近代日本人の死生観を読む」と題するのが正確なのかもしれない。近代に生きる人々でも伝統的な宗教的死生観に近い死生観をもっている人は少なくないだろう。だが、ここでは伝統的な宗教的死生観から一度は離れ、あらためて自分なりの死生観を組み立てようとした人たちを取り上げている。

伝統的な宗教的死生観と切り放されて死を持て余している状況は西洋諸国では、一九世紀の最後の四半世紀ほどの間に顕著になったと『死を前にした人間』のフィリップ・アリエスは論じている。トルストイの『イワン・イリッチの死』が見事に描き出したような「逆立ちした死」の時代ということになる。個の意識が強まると、死がむき出しになって現れざるをえない。死生観を自覚的に問いなおす態度が生じるのはこのためだ——本書の執筆中このような仮説がしばしば意識された。その見方に固執するよりも個々の人物やテクストに即して考えようとしてきたが、本書の考察に以上の仮説が影響していることは確かである。

「日本人」の中での選択

本書の表題に「日本人」とあることについても、多少説明しておきたい。私は日本列島に住む人々の文化が多様であり、死生観についてもそうであると考えている。「国民」としての意識が高まり、同じ文化を分かち合う傾向が強まった近代だが、一方で植民地化や国際交流が進んだり、マイノリティの自立が進んだりするなど、新たな多様性が広がっていく傾向もある。そのような中で多様な死生観のあり方を見渡すことは容易でない。

ただ、自覚的にテクストに表現された死生観ということになると、優勢なもの、目立つものを取り出すことはできるはずだ。R・J・リフトン、加藤周一、M・ライシュによる『日本人の死生観』（上・下、岩波新書、一九七七年）もそのような試みだ。だが、まだ多くの試みがなされているわけではなく、研究領域として確立したものにはなっていない。本書も手探りの探究の試行の途中報告のような趣のものである。

単純化しすぎることを承知の上で本書で取り上げた人々の日本の宗教・思想伝統との関わりを見てみよう。加藤咄堂は儒教・武士道が主、柳田国男と折口信夫は神道と民俗宗教が主、宮沢賢治と志賀直哉は仏教が主、吉田満はキリスト教が主、岸本英夫は宗教学、高見順はとくになしということになる。こうしてみると、仏教の影響の濃い人たちの死生観表現はもっと見ておきたい気がするのは当然かもしれない。

あの人の死生観ももっと学んでみたいということになると、夏目漱石や森鷗外、内村鑑三や清沢満之、西田幾多郎や田辺元、鈴木大拙や和辻哲郎、川端康成や三島由紀夫、小津安二郎や黒沢明、遠藤周作や司馬遼太郎、手塚治虫や宮崎駿と、次々と名前が上がってきてきりがなくなる。ちなみにリフトンらの『日本人の死生観』で取り上げられているのは、乃木希典、森鷗外、中江兆民、河上肇、正宗白鳥、三島由紀夫である。

リフトンらは「象徴的不死性」という語を用いて、この六人が死に向かう姿勢を描き出している。しかし、この六人がとくに死について個性的な言説を展開したというわけではない。むしろいずれも現世主義的な人々なのだが、死に際しては日本人共通の死生観のパターンの中である位置どりをしたというふうに描き出されている。たとえば、「宇宙の中に入っていく」という感じ方が日本人の間に広く見られ、これらの人物もそれから遠く隔たってはいないというように。

社会史的な視座

このように並べてみて、本書の選択を今一度振り返ってみると、一般住民の死生観を考慮におき、社会階層や生活変化の動向を重視しているところに一つの特徴があることが自覚される。「死生観」という用語の変化に注目したのもその現れだ。一九〇〇年代に興隆してくる「死生観」や「死生問題」という語はどのような社会層のどのような関心を反映したものか。アジア太平洋戦争の戦時中にはどうだったか。他方、一九七〇年代以降の死生学の興隆はどのような社会的背景をもっていたのか。また、これらの社会現象の背後で宗教集団や親族集団は、そして人々の宗教意識はどのように変化していたのか。表だって論じてはいないが、こうした問題が意識されている。

この点では、森岡清美『若き特攻隊員と太平洋戦争――その手記と群像』（吉川弘文館、一九九五年、復刊、二〇一一年）と問題意識を共有している。一九二三年生まれの森岡清美の場合、同年生まれの吉田満と同様、戦争でいのちを失った同世代の多くの人々への鎮魂の思いとともになされた仕事で、姉妹編に『決死の世代と遺書――太平洋戦争末期の若者の生と死』（新地書房、一九九一年、補訂版、吉川弘文館、九三年）もある。家族社会学や宗教社会学の研究を下敷きにしながらも、個人的な真情を託して戦時期の若者の死生観を探究したもので、本書に先立つ仕事として重みをもつものだ。

私の場合、父の世代が死を間近に経験する濃密な時間を経験してきたことは意識し、戦後社会にそれが奥深い影響を及ぼしていると考えてきた。一九六〇年代末のベトナム戦争反対運動や大学紛争の際に、それを反映した若者の死が少なくなかったことは、私が宗教学を学ぶようになったことに影響している。二〇〇〇年前後から宗教学から死生学の方に近づいていくことになり、本書で扱うような題材に親しむようになったが、その背景には世代的な経験が影を落としているかもしれない。

東日本大震災以後の死生観

本書の執筆にとりかかってしばらくの二〇一一年三月一一日、東日本大震災が起こった。地震、津波の大災害で多くの人命が失われた。一九九五年の阪神淡路大震災に続く大災害だが、その規模もさることながら、この災害が精神史的な次元で及ぼした影響はきわめて大きい。なお遺体が見つからない犠牲者の遺族の方々、わずかな状況の違いで自分は助かったが身近な人が世を去った方々の心情は察するに余りある。青森から茨城にかけての海岸地域に住む人は、復興に取り組みながらも、将来の地震・津波の可能性を忘れることはできないだろう。

太平洋沿岸の他の地域の方々も、近いうちに起こりうる地震・津波への備えに力を入れている。ちょうどアジア太平洋戦争期のように、死の影が人々の生活におおいかぶさるようになっている。それは地震・津波に続く福島第一原子力発電所の事故による災害が加わったことによって一段と大きなものとなった。原発災害がどれぐらいのものになるのか、二〇一一年秋の現段階では予想できない。健康被害については被害の輪郭が見えてくるのに数十年を要するといわれている。だが、すでに十数万人の人々が移住や長期避難を余儀なくされ、数十年は人が住めなくなるであろう地域がかなりの範囲に及ぶことが見えてきている。いのちを育む大地を失い、いのちの危機に脅えて生きていかなくてはならない未来がこの先長く続くだろう。

地震・津波・原発災害が人々の生活をおおう死の影を重苦しいものにしている。三・一一以前はまずは少子高齢化社会ということから死生観について考える傾向が強かったが、今後はそれも大きく変わっていくのではないだろうか。その変化がどのようなものであるか、まだよく見えてきてはいないが、注意深く見守っていきたい。

新たな事態の展開をどう捉えるかというたいへん大きな課題の他にも、「日本人の死生観を読む」という問題をさらに展開していくために取り組まなければならない課題は多い。自分自身の余命を考えればあっさりすべて諦めてしまえばよいようなものだが、まだしぶとさが少しは残っているようなのでぽつぽつ進めていくことにしたい。

お礼の言葉

この本を書き上げるまでにはたいへん多くの方々のお世話になった。本をまとめながら、すでに一生を終えた方々、とりわけ両親のおかげを被っていることをこれほど強く意識したことはこれまでなかった。一九九七年に父が亡くなったことが自分なりの死生観考察の始まりだったように思うし、二〇〇九年に母が世を去って初めて死生観について臆することなく話ができるようになったと思う。もちろん両親から受けたものを返そうとしてもとても返せるものではないと分かっているつもりではあるが、あえて謝辞を捧げたい。

二〇〇二年から東京大学大学院人文社会系研究科で始められた「死生学」のプロジェクトに関わったことは、学びを進める大きなきっかけとなった。二〇一一年の今も続いているこのプロジェクトを通して多くの方々から教えを受けた。とりわけ医療現場でケアに携わる方々から教えられたことは少なくない。

なお、本書のもとになったのは、次の四つの稿でそのうちの三つは東大「死生学」プロジェクトの機関誌に掲載されたものだ。「死生学試論（一）」『死生学研究』第一号、二〇〇三年三月、「死生学試論（二）――加藤咄堂と死生観の論述」『死生学研究』第二号、二〇〇四年一一月、

「映画『おくりびと』と新しい死の文化」『世界』七九一号、二〇〇九年五月、「近代日本における死生観言説とその時代背景」『死生学研究』第一六号、二〇一一年一〇月。

大学入学時は将来医療に携わることを考えていたのだが、その後人文系の学問の道を歩むことになった。五〇歳頃になって再び医療現場に近づくことになったのは眼に見えない何ものかの働きのように感じないわけでもない。死生学プロジェクトをともに担い、またこのプロジェクトを通して交流させていただいた方々にあらためてお礼を申し上げたい。

本書の企画は数年前に遡る。その間、なかなか具体化しない私の構想に辛抱強く耳を傾けて下さり、たくさんのヒントをいただいたのは朝日新聞出版書籍編集部の矢坂美紀子さんである。長期間の伴走とそれとなく示唆して下さったことが生きていることを願っている。

宗教学の歩みの中でお世話になった方など、他にもたくさんお礼を述べたい方々がいるが失礼ながら今は略し、この辺で筆を擱きたい。

二〇一一年一一月五日

島薗 進

島薗 進（しまぞの・すすむ）
1948年、東京都生まれ。東京大学文学部宗教学・宗教史学科卒業。現在、東京大学文学部・大学院人文社会系研究科宗教学・宗教史学研究室教授。主な研究領域は近代日本宗教史、死生学。
著書に現代の日本とアメリカのニューエイジ運動について論じた『精神世界のゆくえ』（秋山書店、2007年）、オウム真理教について論じた『現代宗教の可能性』（岩波書店、1997年）などがある。1990年代（40代の半ば頃）から宗教と医療の関わる領域に関心をもち、『〈癒す知〉の系譜』（吉川弘文館、2003年）、『悪夢の医療史』（編著、勁草書房、2008年）を書き編集した。2002年からは東大文学部の死生学のプロジェクトに関わり、『死生学1　死生学とは何か』（東京大学出版会、2008年）、『ケア従事者のための死生学』（ヌーヴェルヒロカワ、2010年）を編集した。他方、宗教学では宗教学の理論や現代社会と宗教の関係に関わる『スピリチュアリティの興隆』（岩波書店、2007年）、『宗教学の名著30』（ちくま新書、2008年）、近代日本宗教史関係では『国家神道と日本人』（岩波新書、2010年）など。

朝日選書 885

日本人の死生観を読む
明治武士道から「おくりびと」へ

2012年2月25日　第1刷発行
2023年8月30日　第7刷発行

著者　島薗 進

発行者　宇都宮健太朗

発行所　朝日新聞出版
〒104-8011 東京都中央区築地5-3-2
電話 03-5541-8832（編集）
03-5540-7793（販売）

印刷所　大日本印刷株式会社

Published in Japan by Asahi Shimbun Publications Inc.
ISBN978-4-02-259985-8
定価はカバーに表示してあります。

落丁・乱丁の場合は弊社業務部（電話03-5540-7800）へご連絡ください。
送料弊社負担にてお取り替えいたします。

巨匠 狩野探幽の誕生

江戸初期、将軍も天皇も愛した画家の才能と境遇

門脇むつみ

文化人とどう交流し、いかにして組織を率いたか

データで読む 平成期の家族問題

四半世紀で昭和とどう変わったか

湯沢雍彦

生活、親子、結婚、葬儀などを様々なデータで読み解く

戦後70年 保守のアジア観

若宮啓文

戦後政治を、日中韓のナショナリズムの変遷と共に検証

惑星探査入門

はやぶさ2にいたる道、そしてその先へ

寺薗淳也

基礎知識や歴史をひもとき、宇宙の謎に迫る

asahi sensho

志賀直哉、映画に行く

エジソンから小津安二郎まで見た男

貴田 庄

知られざる映画ファン志賀の、かつてない「観客の映画史」

日本発掘！ ここまでわかった日本の歴史

文化庁編／小野 昭、小林達雄、石川日出志、大塚初重、松村恵司、小野正敏、水野正好著

いま何がどこまで言えるのかをわかりやすく解説

アサーションの心

自分も相手も大切にするコミュニケーション

平木典子

アサーションを日本に広めた著者が語るその歴史と精神

天皇家と生物学

毛利秀雄

昭和天皇以後三代の研究の内容、環境、実績等を解説

（以下続刊）